Deutsch
Rechtschreibung

Bisher sind in dieser Reihe erschienen:

- Deutsch Rechtschreibung
- Fremdwörter
- Englisch Grundwortschatz
- Französisch Grundwortschatz
- Italienisch Grundwortschatz
- Spanisch Grundwortschatz

© 2010 Compact Verlag GmbH München
Alle Rechte vorbehalten. Nachdruck, auch
auszugsweise, nur mit ausdrücklicher
Genehmigung des Verlages gestattet.
Text: Wolfgang W. Menzel, Christoph Haas
Text Spezialseiten: Barbara Holzwarth
Redaktion: Barbara Holzwarth, Felicitas Zahner
Produktion: Wolfram Friedrich
Gestaltung: h3a GmbH, München
Umschlaggestaltung: h3a GmbH, München

ISBN 978-3-8174-7966-5
7279661

Besuchen Sie uns im Internet: www.compactverlag.de

Vorwort

Das Wissens-Update für mehr Erfolg in Schule, Studium und Beruf

Das kompakte Nachschlagewerk bietet einen schnellen Zugriff auf die aktuelle deutsche Rechtschreibung. Die Regeln werden leicht verständlich erklärt und anhand zahlreicher Beispiele veranschaulicht.

Umfangreiche Zusatzinformationen weisen auf Besonderheiten und Ausnahmen hin und helfen, häufige Fehler zu vermeiden. Auf Spezialseiten werden Topthemen zur deutschen Rechtschreibung gesondert behandelt.

Dieses Symbol kennzeichnet interessante Zusatzinformationen.

Die Beispiele sind gelb eingerahmt.

INHALT

I. Wichtigste Regeln der neuen Rechtschreibung — 7
1. Groß- und Kleinschreibung — 7
2. Zusammen- und Getrenntschreibung — 9
3. Wortstamm — 12
4. ss und ß — 13
5. Worttrennung — 14
6. Bindestrich — 15
7. Komma — 16
8. Fremdwörter — 17

II. Die Laut-Buchstaben-Zuordnung — 22
1. Vokale — 24
2. Konsonanten — 38
3. Fugen-s — 63

III. Groß- und Kleinschreibung — 67
1. Am Satzanfang — 68
2. Nach Doppelpunkt — 68
3. In wörtlicher Rede — 70
4. In Überschriften und Werktiteln — 70
5. Nach Ziffern, Paragrafen und Buchstaben — 71
6. In Gedankenstrichen und Klammern — 71
7. Substantive — 72
8. Substantivierte Wörter — 75

INHALT

9.	Verben	77
10.	Adjektive und Partizipien	79
11.	Farbadjektive	82
12.	Sprachbezeichnungen	83
13.	Pronomen und Anrede	84
14.	Unbestimmte Zahladjektive und Mengenangaben	85
15.	Zahlwörter	87
16.	Andere Wortarten	89
17.	Zeitangaben	90
18.	mal/Mal	93
19.	Zusammenfassung	94
IV.	**Zusammen- und Getrenntschreibung**	**100**
1.	Zusammensetzungen mit Verb	102
2.	Wortverbindungen mit Adjektiv/Partizip	111
3.	Zusammensetzungen mit „zu"	115
V.	**Schreibung mit Bindestrich**	**118**
1.	Substantive	118
2.	Adjektive	123
3.	Farben	123
VI.	**Zahlen und Ziffern**	**125**

INHALT

VII.	**Namen**	**132**
1.	Personen-, Völker- und Stammesnamen	132
2.	Geografische Namen	136
3.	Titel/Amtsbezeichnungen, Kalendertage und Artenbezeichnungen aus der Biologie	140
VIII.	**Schreibung von Fremdwörtern**	**144**
IX.	**Worttrennung am Zeilenende**	**153**
X.	**Abkürzungen**	**157**
XI.	**Zeichensetzung**	**161**
1.	Punkt	161
2.	Strichpunkt	165
3.	Doppelpunkt	166
4.	Ausrufe- und Fragezeichen	169
5.	Komma	173
6.	Gedankenstrich	189
7.	Klammer	191
8.	Anführungszeichen	192
9.	Apostroph	195
10.	Schrägstrich	198

Register — **201**

Verzeichnis der Spezialseiten — **208**

I. Wichtigste Regeln der neuen Rechtschreibung

1. Groß- und Kleinschreibung

Nach den neuen Rechtschreibregeln wird häufiger großgeschrieben. Das gilt nun für alle substantivierten Wörter und auch für alle Substantive, die Teil fester Verbindungen sind.

– Substantive in Verbindung mit Präpositionen:

> *außer Acht lassen* statt *außerachtlassen*
> *in Bezug auf* statt *in bezug auf*
> *im Allgemeinen* statt *im allgemeinen*
> *im Einzelnen* statt *im Einzelnen*

– Substantive in Verbindung mit Verben:

> *Angst machen* statt *angst machen*
> *Rad fahren* statt *radfahren*

Aber: Groß- wie kleingeschrieben werden können „recht/Recht" und „unrecht/Unrecht" in Verbindung mit Verben wie „behalten, bekommen, geben, haben tun".

> *Recht/recht bekommen*
> *Unrecht/unrecht haben*

WICHTIGSTE REGELN

> ℹ️ In Verbindung mit den Verben „sein", „werden" und „bleiben" werden Wörter wie „Angst", „Bange", „Feind", „Freund" „Gram", „Leid", „Pleite", „Recht", „Schuld" und „Spitze" jedoch meist nicht als Substantiv gebraucht und kleingeschrieben.

> *Mir wird angst und bange.*
> *Seine Firma ist pleite.*
> *Du hast recht.*
> *Es tut mir leid.*

– Tageszeiten nach Zeitadverbien werden immer großgeschrieben:

> *heute Nachmittag* statt *heute nachmittag*
> *gestern Morgen* statt *gestern morgen*
> *am Sonntagabend* statt am *Sonntag abend*
> *vorgestern Abend* statt *vorgestern abend*

– Substantivierte Adjektive und Partizipien werden künftig großgeschrieben:

> *auf dem Laufenden* statt *auf dem laufenden*
> *im Großen und Ganzen* statt *im großen und ganzen*
> *auf dem Trockenen* statt *auf dem trockenen*

WICHTIGSTE REGELN 1

Adjektive in festen Fügungen werden kleingeschrieben. Ergibt sich eine neue Gesamtbedeutung, können sie auch großgeschrieben werden.

> *goldene Hochzeit, autogenes Training*
> *Schwarzes Brett* (= Anschlagtafel)
> *Weißer Tod* (= Lawinentod)

Bei Eigennamen, Titeln („Erster Bürgermeister"), besonderen Kalendertagen („Heiliger Abend") sowie klassifizierenden Bezeichnungen in der Biologie („Roter Milan") schreibt man jedes einzelne Wort groß.

– Die vertrauliche Anrede kann in Briefen groß- oder kleingeschrieben werden:

> *Du/du, Dein/dein, Euer/euer, Ihr/ihr, Euch/euch*

– Das förmliche „Sie" wird auch weiterhin großgeschrieben.

2. Zusammen- und Getrenntschreibung

Dieser mit einer Vielzahl von Sonderregeln versehene Bereich ist jetzt überschaubarer geworden. Die Getrenntschreibung ist nun der Normalfall. Die Zusammenschreibung tritt ein, wenn die begriffliche Einheit der einzelnen Teile betont werden soll, und ist häufig am Akzentmuster erkennbar.

1 WICHTIGSTE REGELN

– Substantiv und Verb werden in der Regel getrennt geschrieben.

> *Teppich klopfen* statt *teppichklopfen*,
> *Rad fahren* statt *radfahren*

Aber: In Verbindungen, in denen das Substantiv verblasst ist, schreibt man nach wie vor zusammen, z. B.:

> *eislaufen, kopfstehen, wundernehmen*

– Ebenfalls auseinandergeschrieben wird in der Regel die Fügung Verb + Verb:

> *schwimmen gehen, spazieren gehen*

Aber: Ist der zweite Bestandteil „bleiben" oder „lassen", kann zusammengeschrieben werden, wenn eine neue Gesamtbedeutung entsteht.

> *stehenlassen* (nicht beachten),
> *sitzenbleiben* (nicht versetzt werden)

– Verbindungen von Adjektiv und Verb werden getrennt geschrieben, sofern keine neue Gesamtbedeutung entsteht. Ist dies der Fall, wird zusammengeschrieben.

WICHTIGSTE REGELN

> *Der Zementsack ist schwer gefallen.*
> *Die Hausaufgaben sind ihr schwergefallen.*

Handelt es sich bei den Adjektiven um Resultativa, die das Ergebnis eines Vorgangs anzeigen, kann zusammen- oder getrennt geschrieben werden.

> *blaustreichen/blau streichen,*
> *garkochen/gar kochen*

– Partikel werden mit Verben zusammengeschrieben. Bei adverbialem Gebrauch jedoch wird getrennt geschrieben. Ein Kriterium zur Unterscheidung ist dabei der Wortakzent.

> *Er wird die Kisten aufein__a__nderstapeln.*
> *Wir sollten besser aufein__a__nder h__ö__ren.*

Aber: Bei den verkürzten Formen herrscht meist Zusammenschreibung:

> *drüberfahren*

– Alle Wörter in Verbindung mit „irgend-" werden grundsätzlich zusammengeschrieben, außer bei einer Erweiterung wie „irgend so ein":

> *irgendetwas, irgendjemand, irgendwer*

WICHTIGSTE REGELN

– Verbindungen mit dem Verb „sein" werden immer getrennt geschrieben:

> *hier sein, hier gewesen*
> *dabei sein, dabei gewesen*

3. Wortstamm

Wenn man unsicher ist, wie ein Wort geschrieben wird, sollte man versuchen, das Wort abzuleiten. An einem verwandten Wort kann man fast immer erkennen, wie es geschrieben wird. Grundgedanke der Rechtschreibreform ist die Übereinstimmung des Wortstammes mit allen von diesem Wortstamm abgeleiteten Wörtern einer Familie.

– Umlaute, z. B.:

> *der Stängel* von *Stange* (statt *Stengel*)
> *überschwänglich* von *Überschwang*
> (statt *überschwenglich*)
> *belämmert* von *Lamm* (statt *belemmert*)
> *behände* von *Hand* (statt *behende*)
> *Bändel* von *Band* (statt *Bendel*)

Bei der „Schänke" (Wortstamm „Ausschank") ist weiterhin auch die Schreibweise „Schenke" möglich.

WICHTIGSTE REGELN

– Angeglichen wird die Schreibung verschiedener Endsilben:

> *Känguru* statt *Känguruh*
> *Karamell* statt *Karamel*

– Bei der Substantivierung auf „-heit" erhalten auf „h"
  endende Wörter ein zweites „h":

> *Rohheit* statt *Roheit*
> *Zähheit* statt *Zäheit*

Weiterhin gilt die alte Schreibweise für „Hoheit".

Der Haartrockner schreibt sich jetzt wie der Fallwind:

> *Föhn* statt *Fön*

4. ss und ß

Künftig steht nach kurzen Vokalen „ss" statt „ß":

> *dass* statt *daß*
> *Kuss* statt *Kuß*

– Nach einem langen oder einem doppelten Vokal bleibt das
  „ß" erhalten:

WICHTIGSTE REGELN

> *Gruß, Ruß, Stoß, schließen, beißen*

– Der kurz gesprochene Vokal bewirkt auch bei anderen Buchstaben eine Verdopplung:

> *Mopp* statt *Mop*
> *nummerieren* statt *numerieren*
> *Ass* statt *As*
> *Tipp* statt *Tip*

Treffen in Zusammensetzungen drei gleiche Buchstaben aufeinander, so bleiben alle diese Buchstaben erhalten:

> *Schifffahrt, Hawaiiinseln, Kaffeeernte*

5. Worttrennung

Grundsätzlich gilt, dass Wörter nach Sprechsilben getrennt werden:

> *Wes - te* statt *We - ste*
> *Fens - ter* statt *Fen - ster*
> *Zu - cker* statt *Zuk - ker*

Wörter wie „herum", „hinauf", „woran" können doppelt getrennt werden:

> *hi - nauf* und *hin - auf*
> *da - rum* und *dar - um*

Bei Fremdwörtern ist die herkömmliche und die neue Regelung der Trennung möglich:

> *pa - rallel* und *par - allel*
> *Päd - agogik* und *Pä - dagogik*
> *Ab - itur* und *Abi - tur*
> *Si - gnal* und *Sig - nal*

6. Bindestrich

Bei dem Zusatz von Zahlen:

> *12-jährig* statt *12jährig*
> *8-mal* statt *8mal*

Bei langen zusammengesetzten Wörtern oder ganzen Sätzen in Subjekt-Funktion wird der Bindestrich gesetzt:

> *Berg-und-Tal-Fahrt*

Der Bindestrich kann und sollte auch gesetzt werden, wenn dadurch eine bessere Lesbarkeit erzielt wird:

1 WICHTIGSTE REGELN

> *Schiff-Fahrt, See-Enge, Tee-Ei*

7. Komma

In einigen Fällen wird die Kommasetzung freigestellt. Grundsätzlich gilt bei der neuen Rechtschreibung: Ein Komma ist dann zu setzen, wenn es Missverständnisse ausschließt oder einen Satz verdeutlicht.

Werden selbstständige Sätze durch „und, oder" usw. verbunden, kann ein Komma gesetzt werden, um die Gliederung des Gesamtsatzes deutlich zu machen.

> *Das Feuer brannte endlich (,) und sie machten es sich gemütlich.*

Das Komma bei der direkten Frage:

> *„Was hast du vor?", fragte der Junge.*

Ein Komma muss dann gesetzt werden, wenn eine Infinitivgruppe durch ein hinweisendes Wort angekündigt wird oder von einem Substantiv abhängt. Handelt es sich jedoch um einen einfachen Infinitiv, kann das Komma in diesen Fällen auch weggelassen werden, sofern keine Missverständnisse entstehen.

> - *Er erinnerte sie daran, Bescheid zu geben.*
> - *Sie hatte die Idee, nach Italien zu fahren.*
> - *Hast du daran gedacht(,) zu gehen?*

Wird die Infinitivgruppe durch „um, ohne, statt, anstatt, außer, als" eingeleitet, muss ein Komma stehen.

> - *Sie öffnete das Fenster weit, um den Raum gründlich zu lüften.*
> - *Er mischte sich ständig ein, anstatt sich um seine Angelegenheiten zu kümmern.*

Wie bisher steht ein Komma dann, wenn die Infinitiv- oder Partizipgruppe nachgetragen wird und so aus der Satzkonstruktion herausfällt.

> - *Die Gäste, ohne sich zu bedanken, gingen nach Hause.*

8. Fremdwörter

Die Neuerungen betreffen die Fremdwörter, die in den alltäglichen Sprachgebrauch eingegangen sind. Begriffe aus dem Altgriechischen sind nicht betroffen („Philosophie", „Theater", „Rhetorik"). Jedoch bleibt neben der neuen Schreibweise oft die alte als Hauptvariante bestehen.

WICHTIGSTE REGELN

Für alle nicht fachsprachlichen Wörter mit den Stämmen „phon", „phot" und „graph" kann anstelle des „ph" auch ein „f" treten:

> *Mikrofon* und *Mikrophon*
> *Fantasie* und *Phantasie*

Es bleibt: „Philosophie", „Sphäre" und „Metapher".

> Außerdem gilt künftig:
> *Panter* und *Panther*
> *Tunfisch* und *Thunfisch*

Das unausgesprochene „h" hinter einem „g" kann weggelassen werden, ebenso teilweise hinter „rr":

> *Spagetti* und *Spaghetti*
> *Jogurt* und *Joghurt*
> *Katarr* und *Katarrh*

Fremdwörter mit „é" und „ée":
Hier kann die alte Schreibweise erhalten bleiben:

> *Dragee* und *Dragé*
> *Kommunikee* und *Kommuniqué*
> *Schikoree* und *Chicorée*
> *Varietee* und *Varieté*

WICHTIGSTE REGELN 1

Eingedeutscht wird die Mehrzahlbildung von Anglizismen:

> Aus *Babies* wird *Babys* (von Baby)
> Aus *Hobbies* wird *Hobbys* (von Hobby)

Endet ein Substantiv auf „-enz" oder „-anz", ist beim abgeleiteten Adjektiv eine doppelte Schreibweise zugelassen:

> *Potenzial* und *Potential* (wie Potenz)
> *Differenzial* und *Differential* (wie Differenz)
> *substanziell* und *substantiell* (wie Substanz)

Wenn Rechtschreibung reformiert wird

Rechtschreibreformen hat es in der Vergangenheit in vielen Sprachen und immer wieder gegeben. Beispielsweise beschloss die Académie française als Institution zur „Vereinheitlichung und Pflege der französischen Sprache" im Jahr 1740 neue Schreibweisen für mehrere tausend Wörter.
Selten jedoch änderten diese Reformen das Regelwerk einer Sprache grundlegend – wie dies die deutsche Rechtschreibreform im Jahre 1996 getan hat. Doch auch sie hatte bereits Vorläuferinnen. So fand 1901 die sogenannte Orthographische Konferenz in Berlin statt, mit der einige Änderungen in der deutschen Rechtschreibung einhergingen: Zum einen wollte man eine größere Einheitlichkeit erreichen, zum anderen fiel den Reformen in Wörtern deutscher Herkunft das bis dahin gebräuchliche *th* zum Opfer: statt *Thür* oder *Fürstenthum* schrieb man nun *Tür* und *Fürstentum*. Zudem beschlossen die in Berlin versammelten Staatsbeamten und Vertreter aus dem Buchgewerbe – darunter Konrad Duden – die Integration von Fremdwörtern in das deutsche Schriftsystem. Infolgedessen sollte künftig in Fremdwörtern beispielsweise vermehrt *k* statt *c* geschrieben werden.

Viele Wörter änderten ihre Schreibweise im Deutschen jedoch auch schleichend bzw. wurden ganz ohne offiziellen Beschluss um eine Schreibvariante ergänzt. Häufig vollzog sich ein solcher Wandel von einer Wörterbuchausgabe zur nächsten: Beispielsweise konnte man im Duden schon seit 1941 neben *Mayonnaise* die integrierte Schreibweise *Majonäse* finden.

Die Reform von 1996 hatte sich vor allem die Vereinfachung der Rechtschreibung zum Ziel gesetzt, waren doch im Laufe der Zeit zahlreiche komplizierte Regeln entstanden, die unlogisch erschienen. Beispielsweise erforderte die Wendung *beim Bisherigen belassen* die Großschreibung, der Ausdruck *beim alten belassen* wurde aber kleingeschrieben.
Im Auftrag der Kultusministerkonferenz erarbeiteten Gremien u. a. mit Vertretern des Instituts für deutsche Sprache sowie der Gesellschaft für deutsche Sprache in Abstimmung mit Expertengruppen aus Österreich und der Schweiz bis 1992 Vorschläge für die Neuregelung der deutschen Rechtschreibung. 1995 schließlich beschlossen die Kultusminister die Gültigkeit des neuen Regelwerks ab dem 1.8.1998 mit einer Übergangszeit bis zum 31.7.2005.
In der Bevölkerung wurde dieser Beschluss heftig diskutiert, es formierten sich vermehrt Gegner der Rechtschreibreform, Zeitungen und Verlage verweigerten sich den neuen Regeln bzw. beschlossen die Rückkehr zur alten Schreibweise. Als Reaktion auf die öffentliche Diskussion wurde daraufhin der Rat für Deutsche Rechtschreibung gegründet, der ab Dezember 2004 an der Modifizierung des Regelwerks arbeitete. Nachdem die Kultusministerkonferenz am 2. März 2006 schließlich den Vorschlägen des Rates zugestimmt hatte, wurde die Rechtschreibreform in Deutschland am 1. August 2006 mit einjähriger Übergangsfrist eingeführt.

II. Die Laut-Buchstaben-Zuordnung

Die deutsche Rechtschreibung beruht auf einer Buchstabenschrift. Ein gesprochenes Wort besteht aus Lauten. Buchstaben und Laute sind einander nach festgelegten Regeln zugeordnet. Jedem Laut entspricht ein Buchstabe („a" für [a]) oder eine Buchstabenverbindung wie „sch", „ch", „ng", „qu".

Man unterscheidet zwischen Vokalen (a, e, i, o, u) und Konsonanten. Dazu kommen die Umlaute (ä, ö, ü) und die Diphthonge (au, äu, eu, ai, ei). Schwierigkeiten in der Rechtschreibung ergeben sich, wenn Laute gleich – wie „ai"/„ei" – oder sehr ähnlich – wie „ä"/„e" oder „g"/„k" – klingen. Eine deutliche und korrekte Aussprache ist deshalb die Voraussetzung, um ähnlich klingende Laute unterscheiden und richtig schreiben zu können. Die Zuordnung von Lauten und Buchstaben orientiert sich übrigens an der deutschen Standardaussprache, dem Hochdeutschen.

Nicht immer entsprechen sich aber Schrift und Klang: Für ein und denselben Laut kann es verschiedene Schreibweisen geben (z. B. „t", „tt", „dt", „th"), ein und derselbe Buchstabe kann verschiedenartig ausgesprochen werden wie das „v" in „Vase" und „Veilchen". Aus den oben genannten Gründen muss man sich für viele Wörter die Schreibweise einprägen.

DIE LAUT-BUCHSTABEN-ZUORDNUNG 2

Den richtigen Endbuchstaben eines ungebeugten Wortes
erhält man, indem man eine gebeugte Form bildet
(d. h. das Wort verlängert).

> *Held – Helden, Welt – Welten,
> Teich – Teiche, Teig – Teige,
> strahlend – strahlender,
> korpulent – korpulenter*

Einen Buchstaben im Wortinnern einer gebeugten Form
erschließt man sich durch das ungebeugte Wort (Stammform).

> *er raubt – rauben,
> Säume – Saum,
> länger – lang*

Auch ein Vergleich mit Wörtern aus derselben Familie führt
zur richtigen Schreibung.

> *läuten – Laut,
> ängstlich – Angst,
> Knacks – knacksen,
> endlich – Ende*

Bei einigen gleich klingenden Wörtern (Homofone) kommt
man über die Bedeutung zur korrekten Schreibweise.

2 DIE LAUT-BUCHSTABEN-ZUORDNUNG

> *Ähre – Ehre,*
> *Waise – Weise,*
> *er wird – der Wirt,*
> *fetter – der Vetter*

1. Vokale

Neben gleich und ähnlich klingenden Vokalen bereitet die unterschiedliche Kennzeichnung von lang (gedehnt) und kurz gesprochenen Vokalen Schwierigkeiten. Bei deutlicher Aussprache kann man den Unterschied allerdings gut hören:

> *lahm* (lang) – *Lamm* (kurz)
> *Ofen* (lang) – *offen* (kurz)
> *Mus* (lang) – *muss* (kurz)

<u>Gleich und ähnlich klingende Vokale</u>

Zu den gleich oder ähnlich klingenden Vokalen gehören der e-Laut (e/ä), der u-Laut (u/y), der ei-Laut (ai/ei/ay/ey/y) und der eu-Laut (äu/eu/oi/oy).

Meistens wird der e-Laut mit „e" wiedergegeben; diese Schreibung bleibt in allen Wortformen und Ableitungen bestehen. Mit „ä" schreibt man Wörter häufig dann, wenn es eine Stammform mit „a" gibt.

DIE LAUT-BUCHSTABEN-ZUORDNUNG 2

- *leben – Lebenswerk – lebendig – verlebt – belebt – lebhaft – beleben – überleben*
- *klären – Erklärung – Kläranlage* (klar)

i Nicht alle Wörter mit „ä" lassen sich aus einer Stammform erschließen. In einem solchen Fall muss man sich die Schreibung einprägen.

nicht erschließbar	erschließbar
ähnlich, Bär, dämlich, Dämmerung, Gerät, Käfer, Gräte, Käse, Mädchen, Lärm, März, Säge, spät, Träne, ungefähr, während, fähig usw.	beschämen – Scham Geäst – Ast häkeln – Haken städtisch – Stadt Gelände – Land kläglich – Klage hässlich – Hass zärtlich – zart Pläne – Plan vorsätzlich – Vorsatz wählen – Wahl Gewässer – Wasser usw.

2 DIE LAUT-BUCHSTABEN-ZUORDNUNG

Die gleiche Schreibung von Stammwort und abgeleitetem Wort nennt man auch Stammprinzip. Dieses Prinzip wurde bei der Neuregelung der deutschen Rechtschreibung noch um einige Fälle erweitert. Auch bisherige Ausnahmen werden jetzt konsequent nach dem Stammprinzip geschrieben.

> *behände – die Hand*,
> *belämmert – das Lamm*,
> *Bändel – das Band*,
> *Gämse – die Gams*,
> *Quäntchen – das Quantum*,
> *schnäuzen – die Schnauze*,
> *Stängel – die Stange*,
> *überschwänglich – der Überschwang*,
> *einbläuen – blau*

i In einigen Fällen sind zwei Schreibweisen nebeneinander zulässig.

> *aufwendig – aufwändig*
> (aufwenden – der Aufwand)
> *Schenke – Schänke*
> (ausschenken – der Ausschank)

i Die Schreibung „Eltern" bleibt erhalten, obwohl das Stammwort „alt" lautet.

DIE LAUT-BUCHSTABEN-ZUORDNUNG

i Gleichlautende Wörter (Homofone) mit unterschiedlicher Schreibweise können nur über den Sinnzusammenhang erschlossen werden:

> - *Die Bekanntgabe der Lottozahlen erfolgt ohne Gewähr.*
> - *Der Jäger legte das Gewehr an.*
>
> weitere gleichlautende Paare:
> *Ähre – Ehre; Bären – Beeren;*
> *sich wehren – sie wären;*
> *Lärche – Lerche;*
> *dickfellig – schwerfällig;*
> *Geste – Gäste;*
> *Welle – Wälle*

Der eu-Laut wird als „eu" oder „äu", selten auch als „oi" wiedergegeben. Zu Wörtern mit „äu" gibt es meistens eine Stammform mit „au". Die Schreibung mit „eu" und „oi"/„oy" kann man nicht ableiten.

> - *Fäulnis – faulen, geräumig – Raum*
>   *Säugling – saugen, Raub – Räuber*
> - *abscheulich, Beute, freuen, Greuel*
>   *Seuche, vergeuden, neu, Freude, Leute*
> - *ahoi, Boiler, Loipe, Konvoi, Boykott*

2 DIE LAUT-BUCHSTABEN-ZUORDNUNG

> **i** Einige Wörter mit „äu" lassen sich nicht erschließen:

> *Knäuel, Räude, räuspern, Säule, sträuben, versäumen*

Der ei-Laut wird meistens als „ei" geschrieben; die Wiedergabe mit „ai" ist selten und die entsprechenden Wörter müssen daher auswendig gelernt werden. In Fremdwörtern oder Eigennamen wird der Laut auch durch „ay", „ey", „y" gekennzeichnet.

> - *breit, Reis, Leiter, zeichnen, pfeifen, Rhein*
> - *bairisch, Detail, Emaille, Hai, Hain, Kaiser, Brotlaib, Laich, Laie, Lakai, Mais, Saiteninstrument*
> - *Nylon, Geysir, Bayern, bay(e)risch, Bayreuth, Paraguay*

> **i** Bei einer Anzahl von Homofonen muss man die Schreibweise über die Bedeutung erschließen.

> *Leib – Laib,*
> *Leichen – laichen,*
> *rein – Rain,*
> *Seite – Saite,*
> *weise – Waise*

DIE LAUT-BUCHSTABEN-ZUORDNUNG 2

> - *Unser alter Professor ist sehr weise.*
> - *Meine Freundin verlor früh ihre Eltern,
>   sie wuchs als Waise auf.*

Der ü-Laut wird meist mit „ü", in bestimmten Fremdwörtern auch mit „y" wiedergegeben. Die jeweilige Schreibung muss man auswendig lernen.

> - *amüsieren, Düne, gültig,
>   Tribüne, Lektüre, Maniküre,
>   grüßen, süß, Tür*
> - *lynchen, anonym, Asyl,
>   typisch, Pyramide, zynisch,
>   Psychologie, Mythos, Symbol*

i Eine deutliche Aussprache verhindert die Verwechslung von „i" mit dem ü-Laut.

> *Sinfonie – Symphonie,
> Ziegel – Zügel,
> spielen – spülen*

Lange Vokale

Lang gesprochene Vokale werden verschiedenartig gekennzeichnet. Entweder durch Doppelvokal – bei „i" als „ie" –

2 DIE LAUT-BUCHSTABEN-ZUORDNUNG

oder durch Dehnungs-h. Diese Kennzeichnungsweisen nennt man auch Dehnung. Oft werden die langen Vokale aber auch ohne Kennzeichen, d. h. als einfache Buchstaben geschrieben.
Auch die Umlaute werden gedehnt, jedoch nie verdoppelt, ebenso wenig wie das „u".

	Doppelvokal	Dehnungs-h	einfacher Vokal
a	Waage	Gefahr	Rasen
e	Leere	Fehler	leben
o	Boot	Kohle	Strom
u	–	Stuhl	stur
i	ie: Spiel	ihm/Vieh	Maschine
ä	–	zählen	spät
ö	–	Höhle	böse
ü	–	fühlen	lügen

DIE LAUT-BUCHSTABEN-ZUORDNUNG 2

Die Anzahl der Wörter, in denen ein Doppelvokal vorkommt, ist begrenzt. Diese wenigen Wörter müssen daher auswendig gelernt werden.

> *Aal, Aas, Haar, Maat,*
> *Paar, paar, Saal, Saat,*
> *Staat, staatlich, Waage,*
> *waag(e)recht usw.*
>
> *Beere, Beet, Fee, Freesie,*
> *Galeere, Heer, Klee,*
> *leer, Leere, Lorbeer,*
> *Meer, Meerrettich,*
> *Schnee, See, Seele,*
> *Speer, Tee, Teer*
>
> Fremdwörter:
> *Allee, Frottee, Gelee, Kaffee,*
> *Kakteen usw.*
>
> *Boot, doof, Moor, Moos, Zoo*

Ein langes „i" wird in den meisten Fällen verdoppelt, d. h. als „ie" geschrieben; in Fremdwörtern taucht es im Auslaut in dieser Schreibung auf. Die Schreibung „ieh" gibt es nur in wenigen Wörtern. Keine Verdopplung trotz langer Aussprache erfolgt bei dem Wort „Mine".

2 DIE LAUT-BUCHSTABEN-ZUORDNUNG

> - *Beispiel, lieben, Knie, schwierig, Tier, frieren, nie, vier, Trieb, sieben, kriegen, Liebe, Sieb, Betrieb*
> - *Chemie, Demokratie, Melodie, Industrie, Fotografie, Orthografie*
> - *erziehen, ziehen, Beziehung, fliehen, er befiehlt, er empfiehlt, er stiehlt, er lieh, er verzieh, Vieh*

In den Fremdwortendungen „-ier" und „-ieren" taucht das lange „i" immer als „ie" auf:

> - *Juwelier, Klavier, Quartier, Revier, Visier*
> - *abonnieren, korrigieren, zitieren, organisieren, trainieren*

Ein langer Vokal wird oft durch ein Dehnungs-h ausgedrückt. Es steht vor den Buchstaben „l", „m", „n" und „r", bei einsilbigen Wörtern, die mit einem langen Vokal enden, und zwischen Vokalen.

> *kahl, Ehre, wohnen, Ruhm, Höhle, Fähre*

i Eine Ausnahme bilden die Wörter „schon, vor, Tor, Chor, Chlor".

DIE LAUT-BUCHSTABEN-ZUORDNUNG

Durch Dehnungs-h ausgedrückter Vokal steht außerdem am Ende einsilbiger Wörter sowie zwischen Vokalen. Im zweiten Fall ist dieser Buchstabe kein reines Dehnungszeichen, sondern durchaus hörbar.

> - *nah, steh!, froh, Schuh, früh*
> - *nahen, gehen,
>   drohen, Ruhe,
>   Mühe, Höhe, nähen*

i Die Dehnung mit „h" beim langen „i" gibt es nur selten:

> *ihm, ihn, ihr, ihnen*

Die meisten Wörter mit langem Vokal sind nicht besonders gekennzeichnet, d. h., sie werden mit einfachem Vokal geschrieben. Dazu gehören fast alle kurzen und sehr häufig verwendeten Wörter, außerdem „ur-" als Vorsilbe und die Nachsilben „-bar", „-sam", „-tum", „-sal".

> - *da, mal, der, er, neben, dir,
>   vor, so, wo, nun, zu*
> - *uralt, Urlaub, Ureinwohner,
>   Urwald, urig, urplötzlich*
> - *wunderbar, sparsam,
>   Irrtum, Mühsal*

2 DIE LAUT-BUCHSTABEN-ZUORDNUNG

In der Schreibung von langen Vokalen tauchen zahlreiche Zweifelsfälle in Form von Homofonen auf. Die korrekte Schreibweise erschließt man über den Sinnzusammenhang und die Bedeutung der Wörter.

> *Mal/mal – Mahl,*
> *malen – mahlen,*
> *Zuname – Zunahme,*
> *Wagen/wagen – Waagen,*
> *Wal – Wahl,*
> *wahren – Waren*
>
> *Leere – Lehre,*
> *Meer – mehr,*
> *Rede – Reede,*
> *wer – Wehr,*
> *Seen – sehen*
> *Lid – Lied,*
> *du liest – du liehst,*
> *Mine – Miene, Sigel – Siegel,*
> *Stil – Stiel, wider – wieder*
>
> *Bote – Boote, Moor – Mohr*
>
> *Urzeit (Frühzeit) – Uhrzeit*
>
> *spät – er späht, Blüte – es blühte*

DIE LAUT-BUCHSTABEN-ZUORDNUNG 2

Ein häufiger Zweifelsfall ist die Schreibung von „wider/wieder" in Zusammensetzungen. Hier kommt man über das Verständnis der Wortbedeutung zur richtigen Schreibung: Das Wort „wider" wird im Sinne von „gegen" verwendet, „wieder" hat dagegen die Bedeutung „noch einmal".

- *erwidern, Widerstand, widerspenstig, widerstreben, widerstehen, widersprüchlich, Widerspruch, widerlegen, widerwärtig, zuwider, Widerhall*
- *Wiedersehen, wiederholen, wiederum, Wiedergabe, Wiedergeburt, Wiedergutmachung, wiedergewinnen, Wiederkehr, Wiederwahl*

Kurze Vokale

Kurz gesprochene Vokale werden in den meisten Fällen durch einen nachfolgenden Doppelkonsonanten wie „mm", „nn", „tt" usw. oder durch zwei (und mehr) verschiedene Konsonanten gekennzeichnet. Dabei werden „kk" und „zz" in deutschen Wörtern zu „ck" bzw. „tz".

- *Ebbe, Pudding, Griff, Roggen, Mokka, hell, Galopp, Tipp, dumm, Kamm, kommen, Herr, Schnelligkeit, Geselle*

2 DIE LAUT-BUCHSTABEN-ZUORDNUNG

> - *Kork, Volk, Herz, lenken, Imker, Bunker, Sekt, ganz*
> - *Acker, Fleck, Witz, trotzen*

Trotz kurz gesprochenem Vokal werden unbetonte kurze Wörter mit einfachem Konsonanten geschrieben.

> *am, an, ab, bis, es, hat, her, hin, im, in, man, ob, mit, von, weg, um, zum*

Selbiges gilt für folgende mehrsilbige Wörter:

> *Brombeere, Himbeere, Herberge, Damwild*

Auch in den Vorsilben „un-", „ver-" und den Nachsilben „-in", „-nis" wird der kurze Selbstlaut nicht gekennzeichnet.

> *unmöglich, Unsinn, Lehrerin, Erlebnis*

Anders ist es, wenn einige dieser Wörter in den Plural gesetzt werden; hier liegt wieder Doppelkonsonanz vor, so etwa bei „Lehrerinnen, Erlebnisse".

Die Kennzeichnung des kurz gesprochenen Vokals schwankt in einigen Wortfamilien und vermuteten Ableitungen: Sowohl die Schreibung mit Doppelkonsonanten als auch diejenige mit einfachem Konsonanten ist zu finden.

DIE LAUT-BUCHSTABEN-ZUORDNUNG

- *brennen, Branntwein – Brand, Weinbrand*
- *Gunst – gönnen*
- *packen, Päckchen – Paket*
- *schwellen – Geschwulst*
- *Pappe – Papier*
- *schaffen – Geschäft*

In einigen Wörtern werden Konsonanten in Angleichung an Beugungsformen desselben Wortes oder an andere Wörter derselben Wortfamilie nach dem Stammprinzip verdoppelt.

Ass (wegen des *Asses*),
Karamell (wegen *Karamelle*),
Messner (wegen *Messe*),
nummerieren (wegen *Nummer*),
Spinnerei (wegen *spinnen*)
Steppdecke (wegen *steppen*),
Tipp (wegen *tippen*),
Tollpatsch (wegen *toll*)

Einige Homofone erfordern besondere Aufmerksamkeit beim Schreiben. Meistens verwechselt man Verbformen mit Substantiven. Achtet man aber auf die Betonung, lassen sich Fehler ausschließen.

2 DIE LAUT-BUCHSTABEN-ZUORDNUNG

> *er hemmt – das Hemd,*
> *es hallt – der Halt,*
> *gewandt – das Gewand,*
> *verbannt – der Verband*

i Auch bei einigen Fremdwörtern wird der kurze Vokal durch Doppelkonsonanz gekennzeichnet. Meistens aber steht nur ein Konsonant, wo man eine Verdoppelung erwarten könnte, was zu Rechtschreibfehlern führen kann. Man muss sich die Schreibweise also eigens einprägen.

> - *intelligent, Kommissar,*
>   *Appell, Makkaroni, Pizza,*
>   *Paparazzo, Annexion, Annalen*
> - *Ananas, Anorak, Kapital,*
>   *Literatur, Material*

2. Konsonanten

Bei der Schreibung der Konsonanten hilft eine korrekte Aussprache nur in wenigen Fällen; wie etwa im Anlaut (Wortanfang). Im Wortinnern nützt genaues Hinhören meistens kaum, ebenso wenig am Wortende. Hier dagegen ist das Verlängern des Wortes aber oft hilfreich, indem man den Plural bildet oder bei Verben mit deren

DIE LAUT-BUCHSTABEN-ZUORDNUNG 2

Stammform vergleicht. Trotz dieser Hilfen muss man die Rechtschreibung vieler Wörter lernen und üben, daran ändert leider auch die Erleichterung durch die neuen Rechtschreibregeln nichts.

> - *danken – tanken,*
>   *Blatt – platt,*
>   *gern – Kern*
>
> - *Keks – Taxi,*
>   *Wade – Vulkan,*
>   *endlich – entladen*
>
> - *Feld – Felder,*
>   *Halt – halten,*
>   *gib – geben*

<u>Gleich und ähnlich klingende Konsonanten</u>

Schwierigkeiten bereiten vor allem die verschiedenen Schreibweisen für den f-Laut, den k-Laut und den x-Laut. Beim t-Laut gibt es besonders viele Schreibvarianten. Für die Unterscheidung von stimmhaften und stimmlosen Lauten existieren verschiedene Hilfen. Die Schreibung des s-Lautes bildet einen eigenen Abschnitt, da diese besonders große Probleme bei der Rechtschreibung aufwirft.

2 DIE LAUT-BUCHSTABEN-ZUORDNUNG

Die stimmhaften Laute „b", „d", „g" lassen sich von den stimmlosen „p", „t", „k" am Wortanfang bei deutlicher Aussprache unterscheiden. Am Wortende und in Verbindung mit anderen Konsonanten ist dies kaum möglich, sodass man das Wort verlängern, die Stammform suchen oder verwandte Wörter finden muss.

- *bellen – pellen,*
  Deich – Teich,
  Garten – Karten

- *bunt – bunter,*
  bund – Bündel,
  Raub – Räuber

- *er singt – singen,*
  er sinkt – sinken,
  Predigt – predigen

- *Erlaubnis – erlauben,*
  anfangs – anfangen,
  Trab – traben

i Bei einigen Wörtern mit „b"/„p" kann man die Hilfen jedoch nicht anwenden, man muss sich ihre Schreibweise einprägen.

DIE LAUT-BUCHSTABEN-ZUORDNUNG 2

> *Obst, Krebs, Herbst, Erbse, Abt, Publikum,*
> *absorbieren, die Schwäbische Alb, hübsch,*
> *Oblate, Schlips, Papst, Gips, Mops, Klops,*
> *Stöpsel, Knirps, Klempner, prompt, skeptisch*

Gelegentlich sind beide Schreibweisen möglich, wie etwa bei „Albtraum/Alptraum".

i Bei einigen Homofonen kann man nur aufgrund der Bedeutung herausfinden, ob mit stimmhaftem oder stimmlosem Mitlaut geschrieben werden muss.

> *Bad – er bat, Bund – bunt,*
> *Weinbrand – Branntwein,*
> *duschen – tuschen,*
> *Geld – Entgelt, Grad – Grat,*
> *Rad – Rat, ihr seid – seit,*
> *Sold – ihr sollt, Spind – er spinnt*

Der f-Laut erscheint als „f", „v", „ph", „pf", wobei er in deutschen Wörtern meistens mit „f" wiedergegeben wird. Mit „v" schreibt man ihn immer in den Vorsilben „ver-", „vor-" ; in Fremdwörtern wird das „v" stimmhaft als „w" gesprochen. Die Schreibung „ph" für den f-Laut taucht in Fremdwörtern auf. Das Schriftbild der meisten Wörter muss man sich aber einfach einprägen.

2 DIE LAUT-BUCHSTABEN-ZUORDNUNG

> - *fehlen, fahren, fett, Fuß, Fortschritt, fertig, Fahne*
> - *vergessen, Verstand, vorbei, vorsprechen, Vorsicht, Vogel, vergeblich, Versand*
> - *Vase, Ventilator, Visum, Advent, nervös, Provinz*
> - *Phantom, Physik, Alphabet, Strophe, Zellophan*

Bei Fremdwörtern auf „phon"/„phot"/„graph" darf statt „ph" auch „f" geschrieben werden.

> *Delfin/Delphin,*
> *Fotografie/Photographie,*
> *Geografie/Geographie,*
> *Orthografie/Orthographie,*
> *Megafon/Megaphon,*
> *Fonokoffer/Phonokoffer,*
> *fonisch/phonisch*

In zahlreichen deutschen Wörtern wird das „v" wie „f" gesprochen, vor allem in Verbindung mit „voll" und „viel" sowie in der Endsilbe „-iv".

> *Vier, Viertel, Vetter, Veilchen,*
> *vermuten, verarzten*
> *Vater, Vogel, Vers, Volk,*

DIE LAUT-BUCHSTABEN-ZUORDNUNG 2

> *Vieh, Vlies, von, vorn, Larve, Pulver, Frevel, brav,*
> *Nerv, Gustav, völlig, vollenden, vollständig,*
> *vollauf, vielleicht, vervielfältigen, vielerlei,*
> *vielmehr, vielschichtig, Motiv, Stativ,*
> *massiv, naiv, objektiv usw.*

i In manchen Gegenden wird „pf" wie „f" ausgesprochen. Eine deutliche Aussprache hilft Verwechslungen vor allem am Wortanfang zu vermeiden.

> *Pferd – er fährt,*
> *Pfand – er fand,*
> *Trumpf – Triumph,*
> *Pfahl – fahl*

Einige gleich klingende Wörter muss man voneinander unterscheiden.

> *Ferse – Verse, fetter – Vetter,*
> *er fiel – viel, ich fordere – vordere,*
> *Hafen – Bremerhaven/Cuxhaven*

Der k-Laut wird im Deutschen mit „g"/„k" wiedergegeben. In einigen Gegenden spricht man „g" wie „ch" aus. Der Unterschied von „g" und „k" lässt sich nur am Wortanfang gut hören, am Wortende ist dies nicht möglich; hier hilft oft das

2 DIE LAUT-BUCHSTABEN-ZUORDNUNG

Verlängern des Wortes. Dasselbe gilt für „g" oder „ch" am Wortende. Wichtig ist hier eine korrekte Aussprache. In einigen Fremdwörtern wird der k-Laut mit „c" oder „ch" wiedergegeben.

> *bang – bange, Bank – Bänke,*
> *Tag – Tage, Dach – Dächer,*
> *Pfennig – Pfennige,*
> *Teppich – Teppiche,*
> *Camping, Clown, Clique,*
> *Computer, Creme, clever,*
> *Chor, Chaos, Chlor,*
> *Chronik, Charakter*

Die Schreibung von „-igt"/„-icht" bereitet oft Schwierigkeiten. Bei Verben gibt die Stammform Aufschluss über die korrekte Schreibweise.

> *ermutigt – ermutigen*
> *ermöglicht – ermöglichen*
> *gereinigt – reinigen*
> *verheimlicht – verheimlichen*

Die Endsilben „-ig"/„-lich" bei Adjektiven werden häufig falsch geschrieben, da sie ähnlich ausgesprochen werden. Für Adjektive, die von Substantiven abgeleitet sind, gibt es allerdings eine feste Regel.

DIE LAUT-BUCHSTABEN-ZUORDNUNG 2

An Adjektiven, deren zugehörige Substantive auf „l" enden, hängt die Endsilbe „-ig". Die Silbe „-lich" steht nur bei Adjektiven, deren zugehörige Hauptwörter nicht auf „l" enden.

> *Eile – eilig,*
> *Nebel – neblig,*
> *Freund – freundlich,*
> *Irrtum – irrtümlich*

i Die Silbe „-ig" hängt auch an Adjektiven, deren zugehörige Substantive mit einem anderen Buchstaben als „l" enden.

> *Saft – saftig,*
> *Gunst – günstig,*
> *Gang – gängig*

Ist der Unterschied zwischen „g" und „ch" in der Aussprache nicht hörbar, so ergeben sich einige gleich klingende Wörter, deren Bedeutung verschieden ist.

> *er fragt – die Fracht,*
> *Jagd – Jacht,*
> *Magd – Macht,*
> *er kriegt – er kriecht,*

2 DIE LAUT-BUCHSTABEN-ZUORDNUNG

> *du magst – du machst,*
> *Tag – Dach, taugen – tauchen,*
> *wagen – wachen,*
> *Zwerg – Zwerchfell*

Zum Unterschied von „-k", „-ck", „-kk": Einfaches „k" bezeichnet den lang gesprochenen Vokal und steht nach „l", „m", „n" und „r". Das „ck" kennzeichnet den kurzen Vokal; in Fremdwörtern und einigen Namen findet man auch „kk".

> *Laken, spuken, welk,*
> *Imker, tanken, Mark*
> *Lack, spucken, wecken,*
> *dick, Block, Blockade,*
> *Akkord, Akkordeon, Akku, Akkusativ,*
> *Makkaroni, Mokka, Sakko, Okkultismus,*
> *Mekka, Marokko, Molukken*

Mit der Neuregelung der deutschen Rechtschreibung schreibt man jetzt gemäß der konsequenten Anwendung des Stammprinzips.

> *Stuckateur* (wegen Stuck)

Der x-Laut wird außer durch „x" mit verschiedenen Buchstabengruppen wiedergegeben: durch „chs", „cks", „ks" oder durch „gs".

DIE LAUT-BUCHSTABEN-ZUORDNUNG

Für die Schreibung des x-Lautes gibt es keine feste Regel. Am häufigsten ist allerdings die Schreibung mit „x" und „chs". Mit „ks" gibt es nur wenige Wörter.

- *Axt, Hexe, mixen, Nixe, Luxus, fix, Praxis, Text, Taxi*
- *Fuchs, Luchs, wachsen, sechs, Eidechse, wechseln, Wachs, Dachs*
- *Keks, Koks, links, Murks, schlaksig*

i Am besten geht man folgendermaßen vor:
Man prägt sich die Schreibung der wenigen Wörter mit „ks" und der mit „x" ein. Die Schreibung mit „cks", „gs" und einiger Wörter mit „ks" kann man leicht von verwandten Begriffen ableiten. Die übrigen Wörter schreibt man mit „chs".

- *tricksen – Trick*
  augenblicks – Augenblick
  Klecks – kleckern
- *allerdings – Dinge*
  flugs – Flug
  du fragst – fragen
- *des Werks – das Werk*
  du parkst – parken

2 DIE LAUT-BUCHSTABEN-ZUORDNUNG

Die Fremdwortsilbe „ex-" bzw. „-ex" schreibt man immer mit „x":

> *Exemplar, Exil, extrem, Index, perplex*

Für die Schreibung des t-Lautes mit „d", „t", „tt", „dt" oder „th" gibt es kaum sichere Regeln. Allerdings existieren Hilfestellungen für die richtige Schreibung von „tot"/„tod", „end"/„ent", „Stadt"/„statt". Bezüglich der Schreibung von „d" oder „t" lässt sich entweder durch das Verlängern des Wortes oder durch eine deutliche Aussprache Sicherheit gewinnen. Der Unterschied von „t" und „tt" liegt in der Länge beziehungsweise Kürze des vorangehenden Vokals:

> - *Seide – Seite;*
>   *Rad – Räder;*
>   *Rat – raten;*
> - *raten – Ratten;*
>   *Miete – Mitte*

Zur Schreibung von „tod"/„tot" sollte man sich Folgendes merken: Alle Wörter, die vom Substantiv „der Tod" abgeleitet sind, schreibt man mit „d". Dazu gehören auch die meisten zusammengesetzten Adjektive. Mit „t" schreibt man „der/die Tote" sowie die meisten Verben aus dieser Wortfamilie und das Adjektiv „tot" mit seinen Ableitungen.

DIE LAUT-BUCHSTABEN-ZUORDNUNG 2

> Tod/tod
> *der Tod, Todesangst, Todsünde, Todfeind, Todesanzeige, der Scheintod, Todesstrafe, Unfalltod, tödlich, todkrank, todsicher, todernst, todmüde, todunglücklich, todbringend*
>
> Tot/tot
> *der/die Tote, Totenamt, Totenblässe, Totschlag, Totenkopf, Totenstille, töten, totschlagen, sich totlachen; er ist tot, halbtot, scheintot, totenblass, totenstill, der tote Punkt*

Für die Entscheidung darüber, ob man „end" oder „ent" schreibt sollte man folgende Überlegungen anstellen: Wörter, die von „Ende" abgeleitet sind, schreibt man mit „end", ebenso die Endsilbe „-end" des Partizip Präsens. Dies kann man durch Wortverlängerung überprüfen. Die Vorsilbe „ent-" benutzt man zur Bildung von Verben und davon abgeleiteten Wörtern. Bei Fremdwörtern steht als Endsilbe „-ent".

2 DIE LAUT-BUCHSTABEN-ZUORDNUNG

> - *Endspiel, Endstation, endlich, endgültig, Endfassung, endlos, Endhaltestelle*
> - *singend* (singen), *bedeutend* (bedeuten), *weinend* (weinen), *lebend* (leben)
> - *ein bedeutendes Ereignis, ein weinendes Kind, eine lebende Sprache*
>
> - *entlaufen, entbehren, entdecken, entschließen*
> - *Entbehrung, Entdeckung, Entschluss*
> - *Abiturient, Präsident, Absolvent, Fundament, Statement, Event*

Zur Schreibung von „-endlich"/„-entlich": Alle Ableitungen von Wörtern, die nicht auf „d" enden, schreibt man mit „-entlich". Die Endung „-endlich" steht nur bei Wörtern, die auf „d" enden.

> - *versehentlich* (Versehen), *hoffentlich* (hoffen), *namentlich* (Name), *wissentlich* (Wissen)
> - *abendlich* (Abend), *jugendlich* (Jugend)
>
> Ausnahme:
> *morgendlich* (Morgen)

Die Homofone „Stadt"/„statt" haben unterschiedliche Bedeutung; alle Ableitungen von „Stadt" schreibt man mit „dt"; „statt" steht hingegen für „anstelle" oder „Stätte".

DIE LAUT-BUCHSTABEN-ZUORDNUNG

> Stadt:
> *Ich gehe in die Stadt.*
> *Er ist stadtbekannt.*
> *Die städtischen Busse verkehren bis Mitternacht.*
>
> statt:
> *Geh lieber zurück statt vor.*
> *Das Konzert wird heute stattfinden.*
> *Sie ist in der Werkstatt.*
>
> weitere Begriffe:
> *Lagerstatt, an Eides statt, eidesstattlich,*
> *Statthalter, Gaststätte*

i Bei manchen Wörtern mit „statt" hat diese Silbe aber auch eine ganz andere Bedeutung.

> *stattlich, stattgeben, Statthaftigkeit*

Die wenigen Wörter mit „dt" muss man sich einprägen.

> *Stadt, städtisch, er lädt* (laden),
> *er sandte* (senden), *gesandt, Gesandter,*
> *er wandte* (wenden), *bewandt, gewandt,*
> *verwandt, Verwandter, Verwandtschaft,*
> *Bewandtnis, beredt*

2 DIE LAUT-BUCHSTABEN-ZUORDNUNG

Ähnlich ausgesprochen, aber anders geschrieben:

> *Versand, Beredsamkeit,
> beredsam, Gewand*

Die Schreibung „th" findet sich nur in Fremdwörtern und in einigen Eigennamen.

> - *Theater, Apotheke, Methode, Diskothek, sympathisch, Rhythmus, Zither, Thron, Thunfisch* (auch: *Tunfisch*), *Pathos, pathologisch*
> - *Theodor, Günther, Thomas, Goethe, Agathe*

<u>Der s-Laut</u>
Der s-Laut wird auf dreierlei Weise geschrieben: als einfaches „s", als „ss" oder als „ß". Das einfache „s" wird entweder stimmhaft oder stimmlos ausgesprochen; der Unterschied ist allerdings oft nicht hörbar. Das gilt vor allem in Süddeutschland. Die Buchstaben „ss"/„ß" werden hingegen immer stimmlos gesprochen.

Zunächst muss man zwischen „s" einerseits und „ss"/„ß" andererseits unterscheiden.

Das einfache „s" wird am Wortanfang und im Wortinnern zwischen Vokalen stimmhaft gesprochen. Somit unterscheidet

DIE LAUT-BUCHSTABEN-ZUORDNUNG 2

es sich deutlich vom stimmlosen „ss"/„ß" und verursacht keine Schwierigkeiten bei der Rechtschreibung.

> - *Salbe, Sonne, Sand, singen, sein, sogar*
> - *Gläser, dösen, diesig, Lösung, Besen*

i Im Wortinnern vor einem Konsonanten – vor allem vor „p" und „t" – und am Wortende wird das einfache „s" immer stimmlos ausgesprochen; deshalb ist kein Unterschied zu „ss"/„ß" zu hören.

> - *Mist, fast, Wespe,*
>   *Knospe, durstig, Hast*
> - *Kurs, Preis, vorwärts,*
>   *morgens, lustlos, bis*

Einige kurze und geläufige Wörter schreibt man immer mit „s", ebenso wie die Endsilben „-nis", „-wärts" und „-los". Im Plural wird ein einfaches „s" am Wortende zu „ss" verdoppelt.

> - *aus, bis, als, etwas, was,*
>   *bereits, rechts, links,*
> - *Ärgernis, Ergebnis, Gefängnis, Verhältnis;*
>   *vorwärts, abwärts, einwärts, auswärts;*
>   *endlos, sorglos, schwerelos*

2 DIE LAUT-BUCHSTABEN-ZUORDNUNG

> *Ärgernis – Ärgernisse,*
> *Ergebnis – Ergebnisse,*
> *Verhältnis – Verhältnisse,*
> *Kürbis – Kürbisse,*
> *Bus – Busse,*
> *Krokus – Krokusse,*
> *Zirkus – Zirkusse*

Nach einem kurzen Vokal steht immer „ss". Für den stimmlosen „s-Laut" nach langem Vokal oder Diphthong („ei", „eu", „au") schreibt man „ß".

> - *Ass, Kuss, Fluss, er muss, sie müssen,*
>   *Hass, Wasser, Hessen, Schloss, Schlösser*
> - *Fuß, Spaß, er aß, sie aßen, Floß, Spieß,*
>   *weiß, Maß, Soße, Straße*

i In der Schweiz wird das „ß" nicht verwendet, dort schreibt man den stimmlosen „s-Laut" grundsätzlich nur mit „ss". In einigen Gegenden ist bei bestimmten Wörtern eine andere Aussprache vorherrschend. Statt eines kurzen wird dort ein langer Vokal gesprochen. Die Rechtschreibung darf dem angepasst werden. In Österreich wird das „o" in „Geschoss" lang ausgesprochen; dort wird dieses Wort mit „ß" geschrieben. Im übrigen deutschen Sprachgebiet spricht man es kurz und schreibt es mit „ss".

DIE LAUT-BUCHSTABEN-ZUORDNUNG 2

> - *Berner Strasse, weissblau*
>   *Sie assen Eis und hatten Spass.*
> - *Löss – Löß, Lössboden – Lößboden*
> - *Erdgeschoß, Kellergeschoß, Obergeschoß,*
>   *Wurfgeschoß*
> - *Erdgeschoss, Kellergeschoss, Obergeschoss,*
>   *Wurfgeschoss*

Wortstämme werden gleich geschrieben. Nur wenn im Wortstamm die Lautung und damit die Aussprache wechselt, ändert sich auch die Schreibung des „s-Lautes" entsprechend. Der Wechsel von „ß" zu „ss" entspricht dann den Wechseln von „f" und „ff", „t" und „tt", „k" und „ck".

> - *das Fass, des Fasses, die Fässer,*
>   *das Fässchen; ich fasse, du fasst, er fasst,*
>   *wir fassen, ihr fasst, sie fassen, fass an!,*
>   *ich fasste, ich habe gefasst,*
>   *nicht zu fassen!*
> - *reißen, ich riss, ich habe gerissen;*
>   *vergessen, ich vergaß, er hat vergessen*
> - *ich messe, ich maß, ich habe gemessen;*
>   *ich esse, ich aß, ich habe gegessen;*
>   *ich treffe, ich traf, ich habe getroffen;*
>   *ich erschrecke, ich erschrak, ich bin*
>   *erschrocken;*
>   *ich reite, ich ritt, ich bin geritten*

DIE LAUT-BUCHSTABEN-ZUORDNUNG

Einige Verben haben in ihren verschiedenen Formen wechselweise sowohl kurze als auch lange Vokale. Damit ändert sich auch die Schreibung des s-Lautes – mal schreibt man „ss", mal „ß".

> *essen – er isst – sie aßen –*
> *gegessen – iss!, esst!*
> *lassen – er lässt – sie ließen –*
> *gelassen – lass!, lasst!*
> *fressen – er frisst – sie fraßen –*
> *gefressen – friss!, fresst!*
> *vergessen – er vergisst –*
> *sie vergaßen – vergessen –*
> *vergiss!, vergesst!*

Die Schreibung von „ss" und „ß" ist leicht zu unterscheiden, wenn man erkennt, ob ein kurzer oder ein langer Vokal vorhergeht. Umlaute („ä", „ö", „ü") gehören zu den Vokalen und können ebenfalls kurz („ss") oder lang („ß") sein. Nach Diphthongen wird der stimmlose s-Laut immer durch „ß" wiedergegeben:

kurzer Vokal:

> • *Kuss, Imbiss, Pass, blass, er muss, Schloss,*
>   *Boss, Ross, Ausschuss, Fluss, Schuss, Russland,*
>   *Ass, Einlass, Fass, bisschen, blass, Genuss*

DIE LAUT-BUCHSTABEN-ZUORDNUNG 2

> • *Küsse, müssen, flüssig, Schlösser, wässrig, lässig, hässlich, Rüssel, Schüssel*

langer Vokal:

> • *Gruß, Fuß, Spaß, er fraß, er saß, Floß, groß, rußig, Fußball, Ruß, Maß*
> • *süß, Süßigkeiten, Flöße, Größe, mäßig, Späße*

Diphthong:

> *Strauß – Sträuße, heißen, weiß, außen, draußen, scheußlich, Preußen*

i Eine größere Anzahl von Homofonen schreibt man mit „s", „ss" oder „ß", wenn sie unterschiedliche Bedeutung besitzen. Hier muss man beim Schreiben besonders gut auf den Sinnzusammenhang achten, in dem das jeweilige Wort verwendet wird.

> *bis – der Biss – er biss,*
> *fast – Fastnacht/Fasnacht – er fasst,*
> *er hat geniest (niesen) – er genießt,*
> *Griesgram – griesgrämig – Grieß – Grießbrei,*
> *die Hast – du hast – er hasst (hassen),*
> *er ist – er isst (essen),*

2 DIE LAUT-BUCHSTABEN-ZUORDNUNG

> *die Küste – er küsste,*
> *das Verlies – er verließ (verlassen),*
> *der Mist – er misst (messen),*
> *die Reise – die Abreise – er reist (reisen)*
> *aber: abreißen – er reißt (reißen)!*
> *du fliehst – es fließt,*
> *weise – weismachen – weissagen – Weisheit –*
> *er weiß – weiß (Farbe) – weißmachen*

i Bei der Schreibung mit Großbuchstaben wird anstelle von „ß" immer „ss" geschrieben. Treffen dabei drei „s" zusammen, so kann man einen Bindestrich setzen, um das Wort besser lesbar zu machen.

> *WEISSBIER*
> *GROSSSCHREIBUNG/*
> *GROSS-SCHREIBUNG*

das/dass

Die gleich klingenden Wörter „das" und „dass" gehören verschiedenen Wortarten an. Man kann ihre Schreibung anhand ihrer unterschiedlichen grammatikalischen Aufgaben im Satz bestimmen:

Das „das" kann ein Artikel, ein Pronomen oder ein Relativpronomen sein; das „dass" ist eine Konjunktion.

DIE LAUT-BUCHSTABEN-ZUORDNUNG

Als Artikel steht „das" direkt vor dem Substantiv oder bezieht sich auf ein weiter entfernt stehendes Substantiv. Als Pronomen weist es auf einen vorhergehenden Satz oder Sachverhalt hin. Als Relativpronomen bezieht sich „das" immer auf ein vorangehendes Substantiv und leitet einen Nebensatz ein.

> - *Wirf das Glas weg. Das Auto hat einen Totalschaden.*
> - *Seine Aufgabe bestand darin, das bei einem Unfall beschädigte Auto zu reparieren* („das" bezieht sich auf „Auto").
> - *Er hat Recht; das steht eindeutig fest. Das hat mir gut gefallen; du musst mir das unbedingt glauben. Das Geld, das wir investiert haben, ist verloren* („das" bezieht sich auf „Geld").

Die Konjunktion „dass" leitet einen Nebensatz ein und steht häufig nach Verben wie „glauben, meinen, sagen, hören, wissen" usw. oder nach unpersönlichen Ausdrücken wie „das heißt, es ist wichtig" usw. Oft steht „dass" in den Verbindungen „sodass", „ohne dass", „als dass".

> - *Wir wissen, dass das baufällige Haus dringend renoviert werden muss.*

2 DIE LAUT-BUCHSTABEN-ZUORDNUNG

- *Das heißt, dass man mich betrogen hat.*
- *Es war so heiß, dass wir nicht schlafen konnten.*
- *Ich meine wirklich, dass wir ihn in Ruhe lassen sollten.*
- *Sie fand die Straße, ohne dass ihr jemand den Weg erklärt hatte.*
- *Es war vorgestern Nachmittag zu kalt, als dass wir im Meer hätten baden können.*

i Schwierig ist die Unterscheidung zwischen „das" als Relativpronomen und der Konjunktion „dass", da beide einen Nebensatz einleiten. Hier hilft die Ersatzprobe: Das „das" kann als Relativpronomen immer durch „welches" ersetzt werden, bei „dass" ist dies nicht möglich.

„das" als Relativpronomen	Ersatzprobe mit „welches"
Wirf das Glas weg, das einen Sprung hat.	Wirf das Glas weg, welches einen Sprung hat.
Er wartete auf das Taxi, das sich verspätet hatte.	Er wartete auf das Taxi, welches sich verspätet hatte.

DIE LAUT-BUCHSTABEN-ZUORDNUNG 2

„das" als Relativpronomen	Ersatzprobe mit „welches"
Das Haus, das sie besichtigt hatten, gefiel ihnen sehr.	Das Haus, welches sie besichtigt hatten, gefiel ihnen sehr.
Dies ist das Heft, in das du hineinschreiben musst.	Dies ist das Heft, in welches du hineinschreiben musst.

<u>Zusammentreffen dreier gleicher Buchstaben</u>
Zwei Rechtschreibprinzipien führen zu einer vermehrten Schreibung von Wörtern mit drei aufeinanderfolgenden gleichen Buchstaben:

1. Nach kurzem Vokal wird im Wortstamm in der Regel der nachfolgende Konsonant verdoppelt.
2. Die Stammschreibung bleibt auch in Wortzusammensetzungen erhalten. Diese Stammschreibung gilt auch, wenn drei Vokale zusammentreffen.

> *nummerieren* (von Nummer),
> *der Tipp* (von tippen),
> *der Stepptanz* (von steppen),
> *der Tollpatsch* (wie toll),
> *Karamellbonbon* (von Karamelle)

2 DIE LAUT-BUCHSTABEN-ZUORDNUNG

Treffen beim Zusammensetzen von Wörtern drei gleiche Buchstaben zusammen, so bleiben sie alle erhalten, seien es Konsonanten oder Vokale.

> - *Fetttropfen, Betttuch, Brennnessel, Einschussstelle, Expresssendung, Fußballländerspiel, Krepppapier, Messstab, Stemmmeißel, Bestellliste, Balllokal, Basssänger, Imbissstand, Wolllappen,*
> - *Armeeeinheit, Kaffeeecke, Kaffeeernte, Seeelefant, Teeei, Hawaiiinseln, Schneeeule, Brennnessel*

Alle diese Wörter dürfen wahlweise auch mit Bindestrich geschrieben werden. Ist der zweite Wortteil ein Substantiv, muss er großgeschrieben werden. Bei der Worttrennung am Zeilenende ist bei Zusammensetzungen aus Substantiven sowohl die Groß- als auch die Kleinschreibung möglich.

> - *schnell-lebig, schuss-schwach, griff-fest, still-legen*
> - *Fett-Tropfen, Bett-Tuch, Brenn-Nessel, Express-Sendung, Fußball-Länderspiel, Mess-Stab, Stemm-Meißel, Woll-Lappen*
> - *Hawaii-Inseln/Hawaii-inseln, Schritt-Tempo/Schritt-tempo, Kongress-Stadt/Kongress-stadt*

DIE LAUT-BUCHSTABEN-ZUORDNUNG

Es gibt einige wenige Ausnahmen, die man auswendig lernen muss. Diese Wörter werden auch bei der Worttrennung am Zeilenende nur mit zwei gleichen Konsonanten geschrieben.

> - *Mittag* (Mitte + Tag),
> - *dennoch* (denn + noch),
> - *Drittel* (entstanden aus „der dritte Teil")
> Trennung:
> *Mit-tag, den-noch, Drit-tel*

i Auch beim Zusammentreffen von „ck" und „k" sowie „tz" und „z" bleibt die Schreibung des Wortstamms erhalten. Es fällt kein Buchstabe weg.

> *Sackkarre, Deckklappstuhl,*
> *Witzzeichnung, Lackkübel*

3. Fugen-s

Das Fugen-s markiert die Verbindungsstelle von Zusammensetzungen:

> *Weißheitszahn,*
> *Hemdsärmel,*
> *frühlingshaft* usw.

2 DIE LAUT-BUCHSTABEN-ZUORDNUNG

Die Entscheidung darüber, ob ein Fugen-s zu setzen ist oder nicht, fällt oft schwer. Es gibt viele Ausnahmen und viele Fälle, in denen der Gebrauch nicht einheitlich ist, sondern schwankt.

Einige Bestimmungswörter in Zusammensetzungen fordern in der Regel das Fugen-s.

> *Hilfe, Geschichte,*
> *Liebe, Bahnhof* u. a.
> *Hilfskoch, Liebesglück, Bahnhofskiosk*
> aber: *hilfreich, liebreich*

Das Gleiche gilt für Bestimmungswörter auf „-tum", „-ling", „-heit", „-keit", „-schaft", „-ung", „-ion", „-tät", „-at" und „-um". Dient ein substantivierter Infinitiv als Bestimmungswort einer Zusammensetzung, benötigt man in der Regel ebenfalls das Fugen-s.

> - *Brauchtumsforschung, Freundschaftsdienst, solidaritätsbereit, Lieblingsspeise*
> - *liebenswert, Schaffensfreude, leidensfähig, vorzeigenswürdig*

In Zusammensetzungen mit „-steuer" und „-straße" schwankt der Gebrauch des Fugen-s. Mehrgliedrige Zusammensetzungen werden teils mit, teils ohne Fugen-s gebildet.

DIE LAUT-BUCHSTABEN-ZUORDNUNG 2

Bei Zusammensetzungen, die aus einem Substantiv als Bestimmungswort und einem Partizip bestehen, lässt man das Fugen-s in den meisten Fällen weg.

> - *Vermögenssteuer/Vermögensteuer, Bahnhofsstraße/Bahnhofstraße*
> - *Dampfschifffahrtskapitän, Handballmannschaft*
> - *friedliebend, der Handeltreibende, freudespendend, karrieresüchtig*
>   aber: *der Handelsreisende*

Eine Reihe von femininen Bestimmungswörtern und von Bestimmungswörtern mit einer speziellen Endung fordert kein Fugen-s.

Dies gilt für viele einsilbige feminine Bestimmungswörter und für viele zweisilbige feminine Bestimmungswörter auf „-e". Es gilt darüber hinaus für feminine Bestimmungswörter auf „-ur" und „-ik". Zutreffend ist dies ferner für viele Bestimmungswörter auf „-er" und „-el", auf „-sch", „-[t]z", „-s", „-ß" und „-st".

> - *Nachthemd, Handtasche, säurefest*
>   (*die Nacht, die Hand, die Säure*)
>
> Anders verhält es sich bei:
> *Liebesglück (die Liebe)*

2 DIE LAUT-BUCHSTABEN-ZUORDNUNG

- *Naturliebhaber, politikfern*
  (*die Natur, die Politik*)
- *Weckerradio, Himmelfahrt*
  (*der Wecker, der Himmel*)

Anders verhält es sich bei:
Henkersmahlzeit (*der Henker*)

- *wunschlos, Reizwäsche, Blitzableiter, Preisknüller, Weißmacher, Dienstmann*

III. Groß- und Kleinschreibung

Im Gegensatz zu den meisten anderen europäischen Sprachen, in denen nur Eigennamen und Satzanfänge großgeschrieben werden, ist die deutsche Schriftsprache durch die Großschreibung der Substantive gekennzeichnet. Die wichtigsten Regeln zu diesem Thema lassen sich in zwei große Gruppen unterteilen: die Groß- und Kleinschreibung am Satzanfang und in Überschriften einerseits, die Großschreibung der Substantive andererseits.

Die Groß- und Kleinschreibung kann nur sicher beherrscht werden, wenn man Substantive von anderen Wortarten zweifelsfrei unterscheiden kann. Allerdings können auch andere Wortarten wie Adjektiv, Verb, Pronomen und Zahlwort substantivisch gebraucht werden. Daneben gibt es Wörter, die im Verlauf der Sprachentwicklung ihren Substantivcharakter verloren haben und deshalb inzwischen kleingeschrieben werden.

Doch in den allermeisten Fällen kann man eindeutig entscheiden, ob es sich um ein Hauptwort handelt, das großgeschrieben werden muss, oder um eine andere Wortart (z.B. Adjektiv, Verb und Pronomen), die man kleinschreibt. Es gibt nur noch ganz wenige Ausnahmen, die man sich gesondert merken muss.

GROSS- UND KLEINSCHREIBUNG

1. Am Satzanfang

Das erste Wort eines vollständigen Satzes schreibt man immer groß.

> ℹ️ Auslassungspunkte, Apostroph oder Ziffern zu Beginn eines Satzes gelten als Satzanfang. Deshalb schreibt man das nachfolgende Wort nur dann groß, wenn es sich um ein Substantiv handelt.

- *... und dann wurde es Sommer.*
- *'ne Menge Leute hier auf der Party!*
- *21 rote Rosen schenkte er ihr.*
- *7 Tage hat die Woche.*

2. Nach Doppelpunkt

Nach einem Doppelpunkt schreibt man groß, wenn danach ein selbstständiger Satz beginnt. Klein wird geschrieben, wenn auf den Doppelpunkt eine Aufzählung oder dergleichen folgt, die nicht als selbstständiger Satz gemeint ist. Dabei spielt es keine Rolle, ob der Einleitungssatz ein ganzer Satz ist oder nicht. Es kommt allein darauf an, ob der Satz nach dem Doppelpunkt ein ganzer Satz ist und folglich alleine stehen kann.

GROSS- UND KLEINSCHREIBUNG

> - *Es bleibt dabei: Wir fahren morgen früh mit dem Zug nach Hamburg.*
> - *Mitzubringen sind: möglichst viele Stoffreste, Garn und Schere.*
> - *Familienstand: ledig.*
> - *Die Wände, die Decke, den Fußboden: Alles hat er grün angestrichen!*

Handelt es sich um Zusammenfassungen des vorher Gesagten oder Schlussfolgerungen aus diesem, kann nach einem Doppelpunkt kleingeschrieben werden, auch wenn es sich um einen vollständigen Satz handelt. Dies ist immer dann der Fall, wenn dieser Satz ohne das vorher Gesagte nicht verständlich wäre:

> - *Wer sich nicht an die Spielregeln hält: Der/der kann uns gestohlen bleiben.*
> - *Was sie auch sagt: Es/es hat keinen Sinn.*
> - *Du kannst meine Entscheidung noch so oft anzweifeln: Ich/ich bleibe dabei.*

i Ist nach einem Doppelpunkt das erste Wort einer Aufzählung ein Substantiv, wird es natürlich großgeschrieben:

> *Man nehme: Mehl, Eier, Milch und Butter.*

3 GROSS- UND KLEINSCHREIBUNG

3. In wörtlicher Rede

Das erste Wort in der direkten Rede schreibt man immer groß. Innerhalb eines ganzen Satzes wird nach einer wörtlichen Rede allerdings klein weitergeschrieben, auch wenn diese mit einem Fragezeichen oder Ausrufezeichen endet.

> - *„Es ist spät geworden", sagte er.*
>   *Sie erwiderte: „Schön war der Abend" und gab ihm einen Kuss auf die Wange.*
> - *„Wer von euch hat ein Haustier?", fragte der Lehrer.*
> - *„Halt! Stehen bleiben!", rief der Ladenbesitzer dem Dieb hinterher.*

4. In Überschriften und Werktiteln

Das erste Wort einer Überschrift, eines Werktitels oder dergleichen schreibt man groß – auch innerhalb eines Satzes.

> - *Schwere Sturmschäden in Norddeutschland*
> - *Meine Anzeige „Preisgünstige Wohnung zu verkaufen" ist in der Wochenendausgabe erschienen.*
> - *Kennst du den Film „Der bewegte Mann"?*

GROSS- UND KLEINSCHREIBUNG

i Das gilt auch, wenn man den Titel verkürzt oder verändert, damit er sich gut in den Satz einbauen und flüssig sprechen lässt:

> *Nein, den „Bewegten Mann" habe ich noch nicht gesehen.*

5. Nach Ziffern, Paragrafen und Buchstaben

Nach Gliederungskennzeichen wie Ziffern, Paragrafen und Buchstaben schreibt man groß.

> - *1. Feine Backwaren*
> - *§ 5 Der Mieter ist verpflichtet ...*
> - *a) Vgl. Anlage 3, Ziffer 5*

6. In Gedankenstrichen und Klammern

Ist das erste Wort eines in Gedankenstrichen oder Klammern stehenden eingeschobenen Satzes kein Substantiv oder Eigenname, so wird es kleingeschrieben.

> - *In diesem Urlaub – ich werde ihn nie vergessen – lernte ich meine Frau kennen.*

3 GROSS- UND KLEINSCHREIBUNG

> *Vor einigen Jahren (damals war er noch
> in den Städtischen Kliniken angestellt)
> zählte er in seinem Bereich zu den
> besten Kräften.*

7. Substantive

Substantive werden immer großgeschrieben. Dazu gehören Gegenstände, Lebewesen und abstrakte Begriffe.

> - *Tisch, Hammer, Milch,
>   Gartenzaun, Sandkasten*
> - *Baum, Vogel, Maus,
>   Kind, Mann, Frau*
> - *Liebe, Freiheit, Glück,
>   Mathematik, Wissenschaft, Natur*

Substantive besitzen in der Regel ein festes Genus. Sie können im Singular oder Plural stehen und werden dekliniert, d. h., sie verändern sich je nachdem, in welchem Fall sie stehen.

> - *der Ofen, die Tasse, das Geschirr,
>   ein Auto, eine Blume*
> - *des Mannes, der Frauen,
>   dem Ehepartner, die Tiere*

GROSS- UND KLEINSCHREIBUNG

i Eine Hilfe bei der Entscheidung, ob es sich um ein Substantiv handelt, kann die Wortendung sein. Abstrakte Begriffe werden häufig durch die Endungen „-ung", „-keit", „-heit", „-nis", „-schaft" oder „-tum" gekennzeichnet.

> *Ahnung, Möglichkeit, Dunkelheit,
> Kenntnis, Freundschaft, Eigentum*

Zusammensetzungen, die in ihrer Gesamtheit als Substantive gemeint sind, schreibt man groß. Das gilt auch dann, wenn das erste Wort einer insgesamt als Hauptwort verstandenen Aneinanderreihung kein Substantiv ist.

> *der Trimm-dich-Pfad,
> das Auf-der-faulen-Haut-Liegen,
> es ist zum Auf-und-davon-Laufen,
> der Pro-Kopf-Verbrauch*

Der Grundsatz „Substantive werden großgeschrieben" gilt auch für Wörter aus fremden Sprachen.

> *der Drink, die Fairness,
> der Thriller, das Mailing*

Auch in fremdsprachlichen Zusammensetzungen mit Bindestrich, die substantivisch gemeint sind, wird das erste Wort

GROSS- UND KLEINSCHREIBUNG

immer großgeschrieben; darüber hinaus alle darin vorkommenden Substantive. Fremdsprachige Wörter, die keine Substantive sind, schreibt man auch in Zusammensetzungen klein.

> - *das Hightech-Verfahren,
>   die Open-End-Diskussion*
> - *das Make-up, das Know-how,
>   das Drive-in-Restaurant*

Substantive in festen Wendungen schreibt man ebenfalls groß. Betroffen sind Substantive in Verbindung mit einer Präposition, einer Präposition und einem Verb und Verbindungen von Substantiv und Verb. Das gilt jedoch nur, wenn Getrenntschreibung vorliegt! In manchen Fällen ist aber auch eine Zusammenschreibung möglich, dann schreibt man das gesamte Wort klein.

> - *auf Abruf, mit Bezug auf, im Grunde, auf Grund*
>   (auch: aufgrund), *zu Grunde gehen* (auch: zugrunde gehen), *in Hinsicht auf, zur Not, zur Seite, von Seiten, auf Seiten* (auch: vonseiten, aufseiten; aber nur: beiseite)
> - *etwas außer Acht lassen, in Betracht kommen, in Kauf nehmen*
> - *Rad fahren, Maß halten* (auch: maßhalten), *Not leiden, Gefahr laufen, Schuld tragen*

GROSS- UND KLEINSCHREIBUNG

In Verbindung mit den Verben „sein, bleiben, werden" werden Wörter wie „angst, bange, feind, freund, gram, leid, pleite, recht, schuld, spitze" meist nicht als Substantive gebraucht und kleingeschrieben.

> *Mir wird angst und bange. Wir sind ihr gram.*
> *Ich bin es leid. Sie ist schuld daran.*

i Werden diese Wörter jedoch als Substantive gebraucht, gilt die Großschreibung.

> *Er ist ihm feind.* **Aber:** *Er ist mein Feind.*

In Verbindung mit Verben wie „behalten, bekommen, geben, haben, tun" können „recht/Recht" und „unrecht/Unrecht" groß- oder kleingeschrieben werden.

> • *Ich gebe ihm recht/Recht.*

8. Substantivierte Wörter

Alle Wortarten außer Substantive und Eigennamen schreibt man in der Regel klein. Werden Wörter anderer Wortarten aber als Substantive gebraucht, so schreibt man sie groß. Man spricht dann von substantivierten Wörtern.

GROSS- UND KLEINSCHREIBUNG

> - *lesen, grün, für – wider*
> - *das laute Lesen, das kräftige Grün,*
>   *das Für und Wider.*

i Wörter, die als Substantive verwendet werden, kann man an vorangestellten Begleitwörtern erkennen wie Artikel, Pronomen, gebeugtes Adjektiv, Präposition.

> - *Das Blau gefällt mir nicht.*
> - *Sein Zögern hat ihn in Schwierigkeiten*
>   *gebracht.*
> - *Bei Glätte ist vorsichtiges Bremsen wichtig.*
> - *Ich stimme ihm ohne Wenn und Aber zu.*
> - *Zum Stricken braucht man gutes Licht.*
> - *Er hat Sinn für alles Schöne.*

Zwischen Begleitwort und substantiviertem Begriff kann ein Wort oder ein Satzteil eingeschoben sein. Oft fehlt auch das Begleitwort vor dem zum Substantiv gewordenen Wort. Hier hilft die Ergänzungsprobe: Kann ein Artikel eingesetzt werden, so schreibt man groß.

> - *Das für meine Überlegungen Wichtige*
>   *wurde nicht besprochen.*
> - *Man muss Wichtiges von Unwichtigem*
>   *trennen* (das Wichtige).

GROSS- UND KLEINSCHREIBUNG 3

> *Für die Zähne ist es nicht gut, Süßes zu essen* (das Süße).

i Ein vorangestelltes Begleitwort wie der Artikel ist nicht immer eine Garantie für die Großschreibung des folgenden Wortes. Dies gilt insbesondere für Pronomen als Stellvertreter von Substantiven. Sie werden auch dann kleingeschrieben, wenn sie einen Artikel haben, wie in den Wendungen „die beiden waren gekommen", „die anderen ließen sich nicht blicken", „wir haben das alles selbst erlebt".

9. Verben

Verben schreibt man klein. Ihre Infinitive können jedoch wie Substantive verwendet werden. Dann schreibt man sie groß. Dies ist erkennbar an einem vorausgehenden Artikel, einer Präposition, an einem Pronomen oder an einem gebeugten Adjektiv.

> - *lesen, ich las, ich habe gelesen, ich werde lesen*
> - *Das Lesen ist meine Lieblingsbeschäftigung.*
> - *Den Nachmittag habe ich mit Lesen verbracht.*
> - *Alles Hoffen war vergebens.*
> - *Wir hörten lautes Schreien.*

GROSS- UND KLEINSCHREIBUNG

> **i** Die Präposition vor dem substantivierten Verb ist häufig mit dem Artikel verschmolzen, wie beispielsweise bei den Wörtern „beim (bei dem), am (an dem), zum (zu dem)". Vor allem muss man den Unterschied zwischen „zum", das vor dem großgeschriebenen Verb steht, und „zu", das dem kleingeschriebenen Infinitiv vorangeht, beachten:

> - *Ich habe mir den Knöchel <u>beim</u> Laufen verstaucht.*
> - *Ich bin noch nicht <u>zum</u> Aufräumen gekommen.*
> **aber:**
> - *Hier gibt es nichts <u>zu</u> sehen.*

Bei einfachen Infinitiven (ohne Begleitwort oder nähere Bestimmung) ist häufig sowohl Groß- als auch Kleinschreibung möglich. Die Ersatzprobe mit dem Artikel „das" und einer Erweiterung wie „zu" beweist, dass in diesen Fällen der Infinitiv genauso gut als Substantiv wie auch als Verb aufgefasst werden kann.

> - *Das Kind lernt (das) Schwimmen./ Das Kind lernt (zu) schwimmen.*
> - *... weil (das) Probieren über (das) Studieren geht./... weil (praktisch) probieren über (umständlich) studieren geht.*

10. Adjektive und Partizipien

Adjektive und Partizipien schreibt man in der Regel klein, es sei denn, sie werden substantivisch verwendet.

> • *die richtige Lösung, eine versäumte Stunde*
> • *das Richtige tun, das Versäumte nachholen*

Gekennzeichnet sind die großgeschriebenen Adjektive und Partizipien oft durch vorangehende Begleitwörter wie Artikel, Pronomen usw. Häufig steht vor den substantivierten Adjektiven und Partizipien eine unbestimmte Mengenangabe wie „viel, etwas, alles, nichts, wenig, lauter, allerlei".

> *allerlei Neues, nichts Auffallendes*

i Substantivierte Adjektive kommen aber auch ohne vorangehendes Begleitwort vor.

> *Jung und Alt, Klein und Groß waren unterwegs.*
> *Der Vorschlag war jenseits von Gut und Böse.*

Adjektive und Partizipien werden trotz Begleitwort dann kleingeschrieben, wenn sie sich auf ein vorher oder nachher genanntes Substantiv beziehen. Das Bezugswort lässt sich in Gedanken ergänzen.

GROSS- UND KLEINSCHREIBUNG

> - *Die schwarzen Schuhe gefallen mir besser als die braunen* (Schuhe).
> - *Er war der fleißigste meiner Schüler* (der fleißigste Schüler).
> - *Welche Gläser soll ich nehmen? Die hohen* (Die hohen Gläser).

Den Superlativ mit „am" schreibt man klein, wenn man nach ihm mit „wie?" fragen kann und er nicht durch „an dem" ersetzt werden kann.

> *Dieses Bild ist am schönsten.* (Wie ist es?)

Wird der Superlativ wie ein Substantiv gebraucht, schreibt man ihn groß.

> *Es ist das Beste, wenn du ihn in Ruhe lässt.*

i Feste adverbiale Wendungen aus „aufs" oder „auf das" und Superlative, nach denen man mit „wie?" fragen kann, können groß- oder kleingeschrieben werden.

> *Er prüft auf das Genaueste/genaueste.*

Substantivierte Adjektive und Partizipien in bestimmten festen Verbindungen und Redewendungen schreibt man groß.

GROSS- UND KLEINSCHREIBUNG

> *im Großen und Ganzen, auf dem Laufenden, im Dunkeln tappen*

Einige feste Verbindungen aus Präposition und Adjektiv ohne Begleiter schreibt man klein.

> *über kurz oder lang, von fern, von nah und fern, durch dick und dünn, von klein auf, schwarz auf weiß, grau in grau, zu eigen*

Adjektive in festen Fügungen schreibt man klein.

> *die goldene Hochzeit, die heilige Messe, die höhere Mathematik*

i Ergibt sich aus der Verbindung aber eine neue Gesamtbedeutung, kann man das Adjektiv großschreiben.

> - *der Blaue Brief* (= Mahnschreiben)
> - *das Schwarze Brett* (= Anschlagtafel)
> - *der Weiße Tod* (= Lawinentod)

Als fester Bestandteil von Eigennamen werden Adjektive großgeschrieben.

> *Großer Wagen, Stiller Ozean*

GROSS- UND KLEINSCHREIBUNG

> In Titeln, Amtsbezeichnungen, Kalendertagen sowie Begriffen für Arten in der Biologie werden Adjektive großgeschrieben, obwohl keine Eigennamen vorliegen.

Heiliger Vater, Erster Mai, Schwarze Witwe

Auch bei einigen Begriffen aus Fachsprachen außerhalb der Biologie oder mit terminologischem Charakter werden Adjektive großgeschrieben.

Gelbe Karte, Erste Hilfe, Goldener Schnitt

11. Farbadjektive

Farbbezeichnungen schreibt man klein, wenn sie als Adjektiv oder Adverb und groß, wenn sie als Substantiv verwendet werden.

- *das rote Tischtuch, die Tür weiß streichen*
- *die Ampel steht auf Rot, die Farbe Schwarz*

Bezeichnungen, die auf „wie?" antworten, schreibt man klein. Bei Großschreibung kann man meist „Farbe" ergänzen.

- *Das Kleid ist rot gepunktet.* (Wie ist es gepunktet?)
- *Meine Lieblingsfarbe ist Grün.* (die Farbe Grün)

GROSS- UND KLEINSCHREIBUNG 3

12. Sprachbezeichnungen

Als Adjektive schreibt man Sprachbezeichnungen stets klein, als Substantive dagegen groß. Treten Sprachbezeichnungen in Verbindung mit Präpositionen auf, so schreibt man sie ebenfalls groß.

- *die englische Sprache, wir sprechen französisch*
- *das Englische, aus dem Russischen*
- *Mit ihm konnte man sich auf Spanisch unterhalten. Der Brief ist in Englisch geschrieben.*

i Ob eine Sprachbezeichnung klein- oder großgeschrieben wird, kann man auf einfache Weise erfragen: Lässt sich die Frage „wie?" stellen, schreibt man klein. Steht die Sprachbezeichnung als Antwort auf eine Was-Frage oder in Verbindung mit einer Präposition, dann schreibt man groß:

- *Wir haben englisch miteinander gesprochen.*
  (Wie haben wir miteinander gesprochen?)
- *Seit zwei Jahren lerne ich Italienisch.*
  (Was lerne ich? – Italienisch)
- *Sie hat auf Englisch geantwortet.*
  (Präposition „auf")

3 GROSS- UND KLEINSCHREIBUNG

13. Pronomen und Anrede

Alle Pronomen wie „ich", „mein", „jeder", „alle" usw. schreibt man in der Regel klein. Dies gilt oft auch dann, wenn sie zusammen mit einem Artikel gebraucht werden. Geht ihnen ein bestimmtes oder unbestimmtes Pronomen voran oder sind sie mit Wörtern wie „alles", „etwas" und Ähnlichem gekoppelt, so werden sie ebenfalls kleingeschrieben.

> - *man, keiner, dieser, einige, niemand, wer, was*
> - *die beiden, ein jeder*
> - *wir alle, alles andere*

i Das gilt für alle Arten von Pronomen, ob Personal-, Reflexiv-, Possessiv-, Demonstrativ-, Relativ-, Interrogativ- oder Indefinitpronomen.

Groß schreibt man Pronomen dann, wenn sie als Substantive verwendet werden, was man am vorhergehenden Begleitwort erkennen kann. Ebenfalls großgeschrieben werden Adjektive und Partizipien, die innerhalb eines Satzes pronominale Verwendung finden.

> - *das Du anbieten, aus dem Nichts auftauchen*
> - *Wer ist der Nächste? Für mich bitte das Gleiche!*

GROSS- UND KLEINSCHREIBUNG

> ℹ️ Possessivpronomen, die in Verbindung mit dem bestimmten Artikel stehen, können aber auch großgeschrieben werden.

> *die Unsrigen* (auch: die unsrigen), *das Seine* (auch: das seine) *beitragen*

Die Höflichkeitsanredeform „Sie" und das zugehörige Pronomen „Ihr" schreibt man im Brief groß. Die vertrauliche Anrede „du, dein, ihr, euer" schreibt man klein, in Briefen kann man sie jedoch auch großschreiben.

> - *Ich habe Ihre Nachricht erhalten. Bitte kommen Sie am Mittwoch. Sehr geehrte Frau Klein, ich möchte Sie nochmals um Entschuldigung bitten.*
> - *Über deine/Deine lieben Zeilen habe ich mich sehr gefreut. Wir möchten dich/Dich und deine/Deine Frau, also euch/Euch beide, am Sonntag einladen.*

14. Unbestimmte Zahladjektive und Mengenangaben

Unbestimmte Zahladjektive werden grundsätzlich großgeschrieben.

3 GROSS- UND KLEINSCHREIBUNG

Es ist allerdings oft schwirig, genau zu bestimmen, ob ein Adjektiv ein Zahlwort ist oder ein Substantiv. Deshalb schreibt man die folgenden Wendungen immer groß:

> *jeder Einzelne, der Einzelne,*
> *der Einzige, als Einziger,*
> *als Ganzes, das Ganze,*
> *das Geringste, alles Mögliche,*
> *alles Übrige,*
> *es waren Unzählige dabei,*
> *es kamen Ungezählte um,*
> *es waren Zahllose auf der Straße,*
> *Verschiedenes war mir unklar,*
> *alles Weitere wird sich zeigen*

Verwendung innerhalb konkreter Sätze:

> - *Zum Umweltschutz kann jeder Einzelne beitragen.*
> - *An seiner Arbeit gab es nicht das Geringste auszusetzen.*
> - *Alles Weitere besprechen wir morgen.*

Die vier Zahladjektive: „viel, wenig, (der, die, das) eine, (der, die, das) andere" schreibt man immer klein. Es handelt sich hierbei um eine Ausnahmeregelung, die man einfach auswendig lernen muss.

GROSS- UND KLEINSCHREIBUNG

> - *Die einen kamen zu spät, die anderen erschienen gar nicht.*
> - *Unter anderem ging es bei dem Gespräch um die Urlaubsregelung.*
> - *Zur Eröffnung kamen viele und nicht wenige staunten über das große Angebot.*

15. Zahlwörter

Kardinalzahlen unter einer Million werden kleingeschrieben. Million, Milliarde, Billion usw. schreibt man dagegen groß.

> - *Sie kamen um fünf und wollten bis acht bleiben. Meine Großmutter wird morgen neunzig.*
> - *Der Prokurist veruntreute über eine Million Euro.*

Ordinalzahlen werden immer dann großgeschrieben, wenn sie wie ein Substantiv gebraucht werden. Dies gilt auch für sinnverwandte Adjektive wie „nächste" und „letzte". Als Adjektive hingegen schreibt man Ordinalzahlen klein.

> - *Er wollte Erster werden, wurde aber nur Dritter.*

3 GROSS- UND KLEINSCHREIBUNG

> - *Die Nächste, bitte. Den Letzten beißen die Hunde.*
> - *Am ersten Januar feierte sie ihren zehnten Geburtstag.*

Wenn die Begriffe „hundert" und „tausend" eine unbestimmte Menge angeben, die nicht in Ziffern geschrieben werden kann, darf man sie klein- oder großschreiben, denn sie können auch als die Zahlsubstantive „Hundert" und „Tausend" aufgefasst werden.

> - *Einige hundert Menschen live im Studio und zigtausende zu Hause an den Fernsehgeräten./Einige Hundert Menschen live im Studio und Zigtausende zu Hause an den Fernsehgeräten.*
> - *Viele tausend Menschen säumten die Straßen./Viele Tausend Menschen säumten die Straßen.*

Dies gilt entsprechend auch für „dutzend/Dutzend":

> *Er bestellte einige dutzend Reißverschlüsse./ Er bestellte einige Dutzend Reißverschlüsse.*

Fehlt das Substantiv, dann handelt es sich eindeutig um ein Zahlsubstantiv und man schreibt groß.

GROSS- UND KLEINSCHREIBUNG

> *Zur Eröffnung kamen Hunderte.*
> *Dem Straßenmusiker applaudierten Dutzende.*

Bruchzahlen werden in Verbindung mit Gewichts- und Maßangaben als Adjektive gebraucht. Stehen sie als Substantive, so werden sie großgeschrieben.

> - *ein viertel Liter, ein halbes Kilo*
> - *ein Viertel Weißwein, ein Drittel der Menge*

16. Andere Wortarten

Auch alle übrigen Wortarten wie Adverbien, Präpositionen und Konjunktionen, die normalerweise kleingeschrieben werden, können als Substantive stehen und werden dann großgeschrieben.

> - *hier, jetzt; für, wider; wenn, aber ja, nein*
> - *Mich interessiert nur das Hier und Jetzt.*
>   *Er wägt das Für und Wider ab.*
>   *Hier gibt es kein Wenn und Aber.*
>   *Es gilt nur ein klares Nein.*

i Dies gilt auch für Interjektionen wie „au!, plumps, ach" usw.

3 GROSS- UND KLEINSCHREIBUNG

> *Wir hörten ein lautes Au. Dann gab es einen Plumps.*
> *Mit Ach und Krach schaffte sie die praktische Fahrprüfung. Unter einem wehmütigen Ach packte er seine Sachen und ging.*

Einzelbuchstaben schreibt man groß, wenn in Zusammensetzungen die Form des Buchstabens gemeint ist oder wenn sie für ein Substantiv stehen. Wenn der Kleinbuchstabe gemeint ist, schreibt man klein.

> - *S-Linie, V-Ausschnitt, Y-Chromosom, A-Dur*
> - *Das ist von A bis Z erfunden.*
>   *E-Laut, das hohe C, sich nicht ein X*
>   *für ein U vormachen lassen*
> - *das Schluss-t, das h in Föhn*

17. Zeitangaben

Schwierigkeiten bereitet oft die Groß- und Kleinschreibung von Zeitangaben (Tage, Tageszeiten). Das kommt daher, dass diese Wörter sowohl als Adverbien als auch als Substantive verwendet werden.

> - *Wir gehen montags ins Kino.*
> - *Wir gehen am Montag ins Kino.*

GROSS- UND KLEINSCHREIBUNG

Großgeschrieben werden Zeitangaben als Substantive. Dazu gehören die Wochentage sowie Zeitangaben, denen ein Artikel oder eine Präposition vorangeht. Wenn die Zeitangaben als Adverbien verwendet werden, schreibt man sie klein.

> - *Heute ist Montag, der 1. April.*
>   *Ich gehe am Sonntag ins Kino.*
>   *Der Abend war sehr schön.*
> - *Wir treffen uns montags zum Skat.*
>   *Der Zug trifft morgen gegen 16 Uhr ein.*
>   *Die Pausen finden nachmittags statt.*

i Wird an die Zeitangabe ein -s angehängt wie in „montags, abends, nachmittags", so handelt es sich um ein Adverb, das kleingeschrieben wird. Geht jedoch ein Artikel voran, dann handelt es sich um ein Substantiv, das selbstverständlich großgeschrieben werden muss.

> - *Ich bin abends nicht zu sprechen.*
> - *Des Abends möchte ich nicht gestört werden.*

Großgeschrieben werden die Bezeichnungen für Tageszeiten nach den Adverbien (Umstandswörter) „vorgestern, gestern, heute, morgen und übermorgen".

3 GROSS- UND KLEINSCHREIBUNG

> *Wir waren vorgestern Abend im Kino.*
> *Heute Morgen gab es Eier und Schinken*

i Die Zeitangabe „früh" kann in Verbindung mit den gerade genannten Adverbien „vorgestern, gestern, morgen" usw. sowohl klein- als auch großgeschrieben werden. Nur in der Form als Substantiv schreibt man sie groß:

> - *Unser Chef kommt morgen früh/Früh zurück.*
> - *Die Bergwanderer werden morgen in aller Frühe aufbrechen.*

Im Folgenden sind wichtige Fälle der Groß- und Kleinschreibung aufgelistet.

> der Morgen, der Abend, gestern, heute, morgen, morgens, am Nachmittag, gegen vormittags, mittags, nachmittags, Mittag, dieser Vormittag, abends, nachts, frühmorgens, am vorigen Freitag, spätabends, mittwochs, dienstagabends, Sonntag, der Dienstagabend, donnerstags, tagsüber, am Montagabend, die Nacht, freitags, nachmittags, über Nacht, bei Nacht, sonntags nachts, Sonntagnacht, gestern Abend, heute Morgen, heute Nacht, Montagmittag, Dienstagmitternacht

GROSS- UND KLEINSCHREIBUNG

18. mal/Mal

Ein besonderer Fall in der Groß- und Kleinschreibung ist die korrekte Schreibung von „mal/Mal", die gleichzeitig unter die Rubrik „Getrennt- und Zusammenschreibung" fällt.

Groß schreibt man „Mal", wenn das Substantiv gemeint ist, was man oft an der Beugungsendung oder an Begleitwörtern erkennen kann. Klein- und zusammengeschrieben wird „mal" in Zusammensetzungen und in der umgangssprachlichen Bedeutung von „einmal". Bei besonderer Betonung ist auch Getrennt- und Großschreibung möglich.

Großschreibung:	Kleinschreibung:
mit einem Male, *mehrere Male,* *zum wiederholten Mal,* *das erste Mal,* *ein anderes Mal,* *es gibt kein nächstes Mal,* *manches Mal,* *viele Male,* *Millionen Mal,* *von Mal zu Mal,* *etliche Male* *zum letzten Mal*	*einmal, keinmal, zweimal/2-mal, auf einmal, ein paarmal, achtmal/ 8-mal, diesmal, manchmal,* *kommt mal her, komm mal her, öfter mal was Neues*

3 GROSS- UND KLEINSCHREIBUNG

> Bei besonderer Betonung:
> *acht Mal, ein Mal*
> *Beide Wörter sind gleichermaßen betont.*

19. Zusammenfassung

Die folgende Übersicht stellt vereinfacht wichtige Regeln der Groß- und Kleinschreibung dar.

Groß schreibt man:	Klein schreibt man:
Satzanfänge	in der Regel Fügungen aus Adjektiven und Substantiven, die keine Eigennamen sind
Eigennamen	Anredepronomen „du" und „ihr"
Substantive	
substantivierte Infinitive	Ableitungen von Personennamen
substantivierte Adjektive	Verben
substantivierte Pronomen	Adjektive und Partizipien
	Pronomen
Die Anredepronomen „Sie" und „Ihr" (Höflichkeitsform)	

GROSS- UND KLEINSCHREIBUNG

Groß schreibt man:	Klein schreibt man:
substantivierte Zahlwörter	Zahlwörter
unbestimmte Zahladjektive	Zeitangaben als Adverbien
Adjektive in festen Verbindungen Zeitangaben als Substantive Tageszeiten in Verbindung mit „heute", „vorgestern", „gestern", „morgen" oder „übermorgen"	
Sprachbezeichnungen in Verbindung mit Präpositionen	
Groß- oder Kleinschreibung:	
Superlative mit „aufs" die vertrauliche Anrede in Briefen	

Der Griff in die Trickkiste: Wichtige Rechtschreibstrategien im Überblick

Die deutsche Rechtschreibung hat ihre Tücken und beinhaltet so manche Stolperfalle: Wer beim Schreiben versucht, sich an der Aussprache zu orientieren, hat oftmals Pech: Das *eu* in Leute klingt gleich wie das *äu* in läuten. Und Burg würde man dem Sprechen nach am Schluss mit *k* schreiben, Sieb mit *p*, Bad mit *t*. Außerdem gibt es im Deutschen noch die Schwierigkeit der Großschreibung von Substantiven, um die sich beispielsweise ein Franzose oder Engländer in seiner Muttersprache bekanntermaßen überhaupt nicht kümmern muss.

Auch wenn so manche Ausnahmeregelung der deutschen Sprache letztlich einfach gelernt werden muss, viele Schreibweisen lassen sich durch die Anwendung bestimmter Proben und Strategien erschließen. Die Vermittlung dieser sogenannten Rechtschreibstrategien ist inzwischen Bestandteil eines jeden Lehrplans für das Fach Deutsch und prägt den zeitgemäßen Rechtschreibunterricht in sämtlichen Schulformen. Besonders für schwache Rechtschreiber ist dieser „Griff in die Trickkiste" eine große Hilfe, da sie sich so die Schreibweise von Wörtern erschließen können und nicht bereits wissen oder „im Gefühl haben" müssen.
Im Folgenden seien drei dieser sogenannten Rechtschreibstrategien vorgestellt. Es lohnt sich, sie stets parat zu haben!

Wörter verlängern

Bei Wörtern die auf *b*, *d* oder *g* enden, kann man durch das bloße Sprechen und Abhören nicht herausfinden, ob sie am Schluss mit *b* oder *p*, *d* oder *t*, bzw. *g* oder *k* geschrieben werden.
   Zum Beispiel:
   Grab (klingt im Auslaut wie ‹p›)
   Lied (klingt im Auslaut wie ‹t›)
   Sieg (klingt im Auslaut wie ‹k›)

Hier hilft die Strategie des Verlängerns weiter: Bildet man eine verlängerte Form des Wortes, so kann man hören, wie man es schreibt:
Bei Substantiven bildet man den Plural: *das Lied – die Lieder* (das ‹d› ist deutlich hörbar).
Bei Verben bildet man den Infinitiv: *er liegt – liegen* (das ‹g› ist deutlich hörbar).
Adjektive stellt man vor ein Substantiv: *gelb – die gelbe Sonne* (das ‹b› ist deutlich hörbar)

Das Verlängern hilft auch dann weiter, wenn man sich unsicher ist, ob ein Wort mit *h* geschrieben wird oder nicht. In der verlängerten Form ist das sogenannte silbentrennende *h* nämlich deutlich hörbar:
   Zum Beispiel:
   das Reh – die Rehe
   er geht – gehen
   zäh – das zähe Fleisch

Wörter ableiten

Ob ein Wort mit *ä* oder *e* bzw. mit *äu* oder *eu* geschrieben wird, kann man durch bloßes Sprechen und Abhören nicht feststellen, denn die beiden Laute klingen völlig gleich:
Zum Beispiel:
Das *ä* in *ächten* kling gleich wie das *e* in *Rechteck*.
Das *äu* in *Mäuse* klingt gleich wie das *eu* in *Leute*.

Um herauszufinden, ob ein Wort mit *ä* geschrieben wird, kann man daher nach einem verwandten Wort (Ableitung) mit *a* suchen.
Zum Beispiel:
fährt ist verwandt mit *fahren* → Schreibweise mit *ä*
Lächeln ist verwandt mit *lachen* → Schreibweise mit *ä*
Findet man zu dem Wort keine Ableitung mit *a*, so schreibt man es mit *e*:
Zum Beispiel:
fechten, Becher

Möchte man wissen, ob man ein Wort mit *äu* schreibt, so sucht man ein verwandtes Wort (Ableitung) mit *au*.
Zum Beispiel:
läuten ist verwandt mit *Laut* → Schreibweise mit *äu*
Läuse ist verwandt mit *Laus* → Schreibweise mit *äu*
Gibt es allerdings keine Ableitung mit *äu*, so wird das Wort mit *eu* geschrieben.
Zum Beispiel:
Leute, beugen

Auf Signalwörter von Substantiven achten

Im Deutschen gibt es zwei Fälle, in denen großgeschrieben wird: Am Satzanfang und wenn es sich bei dem Wort um ein Substantiv handelt. Während der Satzanfang nur bei mangelnder Aufmerksamkeit zur Fehlerquelle wird, so ist es doch nicht immer ganz einfach, Substantive zu erkennen – zumal auch andere Wortarten durch die sogenannte Substantivierung zu solchen werden können (*das Verabschieden*, *vor Kurzem*, *das Für und Wider*).

Um Substantive bzw. Substantivierungen zu erkennen, achtet man auf die Signalwörter, die sich auf das Wort beziehen. Diese können sein:

- Artikel (bestimmt oder unbestimmt): *ein Ast, der Löwe*
- Pronomen: *dein Tagebuch, dieses Haus, unsere Eltern*
- Adjektive: *der bequeme Sessel, das schwache Herz*
- Pronomen: *mit Helm, ohne Widerspruch*

In Sätzen kann es vorkommen, dass ein solches Signalwort bei Substantiven fehlt. Um die Probe zu machen, kann man es aber in Gedanken ergänzen.
Zum Beispiel:
Ich liebe Ferien! Substantiv-Probe: *Ich liebe die Ferien!*

Oft ist das Signalwort auch in einem anderen Wort verborgen.
Zum Beispiel:
Ich gehe zur Schule. → *Ich gehe zu der Schule.*

IV. Zusammen- und Getrenntschreibung

Normalerweise werden zwei in einem Text aufeinanderfolgende Wörter getrennt geschrieben. Zusammengeschrieben werden nur Wörter, die man als eine begriffliche Einheit versteht oder verstanden wissen will. Es entsteht eine Zusammensetzung. Wenn hingegen die selbstständige Bedeutung der einzelnen Wörter hervorgehoben ist oder hervorgehoben werden soll, schreibt man getrennt. Es entsteht eine Wortgruppe.

Bestandteile von Wortgruppen schreibt man auseinander.

> *sich hinten anstellen, in Hinsicht auf,
> etwas ganz fest halten, etwas auf die
> Seite legen, etwas in Frage stellen,
> in der Folge, in der Sonne baden,
> der Umstände halber*

Bestandteile von Zusammensetzungen schreibt man zusammen.

> *hintanstellen, hinsichtlich, etwas festhalten,
> etwas hinausschieben, hinübergehen,
> etwas beiseitelegen, etwas infrage stellen,*

ZUSAMMEN- UND GETRENNTSCHREIBUNG 4

> *infolge, sonnenbaden,*
> *umständehalber, maßregeln*

In Zusammensetzungen oder in Wortgruppen können verschiedenste Wortarten miteinander kombiniert sein: Substantiv, Verb, Adjektiv, Partizip, Adverb. Das zweite Wort einer Zusammensetzung nennt man Grundwort, das erste heißt Bestimmungswort. In einigen Fällen ist es dem Schreiber überlassen, ob er eine Wortverbindung als Wortgruppe auffasst (Getrenntschreibung) oder als Zusammensetzung. Es sind dann beide Schreibweisen möglich.

Nur eine Schreibweise ist hingegen erlaubt, wenn folgende Bedingungen erfüllt sind:
1. Wenn der erste oder zweite Bestandteil einer Wortverbindung nicht als selbstständiges Wort vorkommen kann, wird immer zusammengeschrieben.

> *kundgeben, fehlschlagen, feilbieten,*
> *schnellstmöglich, weismachen, wissbegierig*

2. Wenn der erste oder zweite Bestandteil einer Wortverbindung in irgendeiner Form erweitert ist, schreibt man immer getrennt.

> *kilometerweit – viele Kilometer weit*
> *irgendein – irgend so ein*

4 ZUSAMMEN- UND GETRENNTSCHREIBUNG

> **i** Hilfreich bei der Entscheidung, ob eine Wortverbindung zusammen- oder getrennt geschrieben werden soll, ist Folgendes: Wenn beide Wörter beim Sprechen gleich stark betont werden, schreibt man sie getrennt. Liegt die Betonung hingegen eindeutig auf dem ersten Wort, schreibt man zusammen.

- *Er hat sein zweistündiges Referat frei (ohne abzulesen) gesprochen.*
- *Das Gericht hat den Angeklagten freigesprochen (ihn für unschuldig erklärt).*

1. Zusammensetzungen mit Verb

Verben können mit einem Verbpartikel als erstem Bestandteil Zusammensetzungen bilden. Zu Verbpartikeln zählen:

1. Bestandteile, die formgleich mit Präpositionen sind, z. B.:
ab-, an-, auf-, aus-, bei-, durch-, ein-, entgegen-, entlang-, gegen-, gegenüber-, hinter-, in-, mit-, nach-, über-, um-, unter-, vor-, wider-, zu-, zuwider-, zwischen-;

2. Bestandteile, die formgleich mit Adverbien (v. a. der Richtung, des Ortes und der Zeit) sind, z. B.:
abwärts-, auseinander-, beisammen-, davon-, davor-, dazu-,

ZUSAMMEN- UND GETRENNTSCHREIBUNG

dazwischen-, empor-, fort-, her-, heraus-, herbei-, herein-, hin-, hinaus-, hindurch-, hinein-, hintenüber-, hinterher-, hinüber-, nebenher-, nieder-, rückwärts-, umher-, voran-, voraus-, vorbei-, vorher-, vorweg-, weg-, weiter-, wieder-, zurück-, zusammen-, zuvor-;

3. Bestandteile, die Merkmale von frei vorkommenden Wörtern verloren haben oder in Verbindung mit dem Verb keiner bestimmten Wortkategorie mehr zugeordnet werden können, z. B.:
abhanden-, anheim-, bevor-, dar-, einher-, entzwei-, fehl-, feil-, fürlieb-, heim-, hintan-, inne-, irre-, kund-, preis-, überein-, überhand-, umhin-, vorlieb-, wahr-, weis-, wett-, zurecht-.

Die Zusammensetzung aus Partikel und Verb schreibt man im Infinitiv, im Partizip sowie im Nebensatz bei Endstellung des Verbs zusammen.

> - *Manche Wörter müssen Sie getrennt schreiben, andere müssen Sie zusammenschreiben.*
> - *Wir sind heute in dieser Runde zusammengekommen, um endlich einen Beschluss zu fassen.*
> - *Marc und Vanessa haben geheiratet, weil sie zusammenbleiben wollen.*

4 ZUSAMMEN- UND GETRENNTSCHREIBUNG

Verbindungen von selbstständigem Adverb und Verb werden dagegen getrennt geschrieben.

> • Marc ist auf die Party nicht alleine, sondern mit Vanessa zusammen gekommen.
> • Tina und Steffi redeten im Unterricht pausenlos, der Lehrer musste sie auseinander setzen.

i Eine Hilfe bei der Entscheidung, ob es sich um einen Partikel oder ein selbstständiges Adverb handelt – d. h. ob getrennt oder zusammengeschrieben wird – ist es, die Betonung zu prüfen. Wenn ein einheitlicher Wortakzent vorliegt, schreibt man zusammen, gibt es keinen einheitlichen Akzent, schreibt man getrennt.

> Mit unserer Firma wird es abwärtsgehen.
> Die Kisten lassen sich gut aufeinanderstapeln.
> Sie wollte nicht immer dabeisitzen.
> Warum musst du immer dazwischenreden?
>
> **aber:**
> Karin kann gut rückwärts einparken.
> Ihr beide solltet besser aufeinander achten.
> Sie wollte nicht immer dabei sitzen, sondern auch ab und zu einmal stehen.
> Wir werden dazwischen essen.

ZUSAMMEN- UND GETRENNTSCHREIBUNG

> **i** Bei einigen adverbialen Fügungen ist es möglich, diese sowohl als Zusammensetzung (z. B. „infrage, zugrunde, zutage"), wie auch als Wortgruppe („in Frage, zu Grunde, zu Tage") aufzufassen. Es sind also beide Schreibweisen, Zusammen- oder Getrenntschreibung, möglich.

als Zusammensetzung:

> *außerstand setzen, infrage stellen,
> instand setzen, zugrunde liegen, zuleide tun,
> zurande kommen, zuschulden kommen
> lassen, zutage fördern*

als Wortgruppe:

> *außer Stand setzen, in Frage stellen,
> in Stand setzen, zu Grunde liegen,
> zu Leide tun, zu Rande kommen,
> zu Schulden kommen lassen,
> zu Tage fördern*

Verbindungen aus zwei Verben, von denen eines im Infinitiv steht, schreibt man in der Regel getrennt.

> *arbeiten kommen, flöten gehen, lesen
> üben, lieben lernen, spazieren fahren*

4 ZUSAMMEN- UND GETRENNTSCHREIBUNG

Bei Verbindungen aus zwei Verben mit „bleiben" oder „lassen" als zweitem Bestandteil, die eine übertragene Bedeutung haben, ist auch die Zusammenschreibung möglich.

- *Er hat die Zeitung im Zug liegen lassen.*
- *Marion hat Peter auf der Party links liegenlassen* (= nicht beachtet).
- *Kannst du bitte hier sitzen bleiben, bis ich wiederkomme.*
- *Sven wird in diesem Schuljahr sitzenbleiben* (= nicht versetzt werden).
- *Sonntags können wir morgens noch im Bett liegen bleiben.*
- *Ich habe zu wenig Zeit, es wird daher viel Arbeit liegenbleiben* (= unerledigt bleiben).

i Die Verbindung aus „kennen" und „lernen" kann sowohl zusammen- als auch getrennt geschrieben werden.

- *Ich würde sie gerne kennen lernen.*
- *Ich würde sie gerne kennenlernen.*

Verbindungen von Substantiv und Verb schreibt man in den meisten Fällen auseinander. In einer Reihe von Wörtern ist das Substantiv verblasst, dann schreibt man zusammen.

ZUSAMMEN- UND GETRENNTSCHREIBUNG 4

Muss bei geändertem Satzbau das verblasste Substantiv abgetrennt werden, dann schreibt man es klein.

Getrenntschreibung:

> *wir wollen Auto fahren;*
> *ich bin Rad gefahren;*
> *sie kann gut Maschine schreiben;*
> *kannst du mir bitte Feuer geben?*

Zusammenschreibung:

> *wir gehen eislaufen; er wird kopfstehen;*
> *das sollte dir leidtun; die Unterstützung wird*
> *ihr nottun; sie kann den Problemen stand-*
> *halten; das Fest wird stattfinden; den*
> *Forderungen ist stattgegeben; es hat statt-*
> *gehabt; er wird daran teilhaben; wir werden*
> *teilnehmen; es braucht dich nicht*
> *wunderzunehmen*

Aber in manchen Satzkonstruktionen werden diese Verben dennoch in ihre Bestandteile zerlegt.

> *Das tut mir aber leid.*
> *Dem hält er sicherlich nicht stand.*
> *Nimmst du an dem Wettkampf teil?*

4 ZUSAMMEN- UND GETRENNTSCHREIBUNG

> **i** Bei einigen Wörtern bilden Substantiv und Verb allerdings eine untrennbare Zusammensetzung und werden immer zusammengeschrieben, auch wenn sich der Satzbau verändert.

> - *Dieses Gerät ist leicht zu handhaben.*
>   *Das Flugzeug musste notlanden.*
>   *Hieraus lässt sich Folgendes schlussfolgern.*
> - *Er handhabte das Gerät richtig. Das Flugzeug notlandete. Wir wehklagten nicht länger.*
>   *Der Detektiv schlussfolgerte richtig.*

Nicht immer kann eindeutig entschieden werden, ob eine Verbindung aus Substantiv und Verb eine Zusammensetzung oder eine Wortgruppe darstellt. In solchen Fällen ist es dem Schreibenden überlassen, sich für eine Möglichkeit zu entscheiden und entweder zusammen- oder auseinanderzuschreiben. Zusammenschreibung bedeutet, dass man die Verbindung als Zusammensetzung auffasst, bei Getrenntschreibung versteht sie der Schreibende als Wortgruppe. Dann schreibt er das Substantiv groß.

> - *Versuche auf dich achtzugeben/Acht zu geben.*
>   *Warum gibst du nicht mehr auf dich acht/Acht?*
>   (**Aber nur:** *Ich habe sehr achtgegeben./*
>   *Sie hat allergrößte Acht gegeben.*)

ZUSAMMEN- UND GETRENNTSCHREIBUNG 4

> - *Ich werde darauf achthaben/Acht haben.*
>   *Manchmal hat sie kaum darauf acht/Acht.*
> - *Wir werden nicht haltmachen/Halt machen.*
>   *Wann macht ihr endlich halt/Halt?*
> - *Du solltest viel mehr maßhalten/Maß halten.*
>   *Warum hältst du nicht mehr maß/Maß?*

i In einigen Fällen gibt es die Möglichkeit, zwischen einer untrennbaren Zusammensetzung (wird auch zusammengeschrieben, wenn sich der Satzbau ändert) und einer getrennt geschriebenen Wortgruppe zu wählen.

> - *Er danksagte allen, die ihm gratuliert hatten.*
>   *Sie haushaltet gut mit ihren Kräften.*
> - *Er sagte allen Dank, die ihm gratuliert hatten.*
>   *Sie konnte gut mit ihren Kräften Haus halten.*

Verbindungen von Adjektiv und Verb werden zusammengeschrieben, wenn die beiden Bestandteile eine neue Gesamtbedeutung bilden, die von der wörtlichen Bedeutung der einzelnen Teile abweicht.

> - *Nicht an ihn zu denken, wird mir schwerfallen*
>   (= Mühe verursachen).
> - *Seit der Lohnminderung müssen wir kürzertreten*
>   (= uns einschränken).

4 ZUSAMMEN- UND GETRENNTSCHREIBUNG

> ℹ️ Lässt sich in einzelnen Fällen keine klare Entscheidung darüber treffen, ob eine neue Gesamtbedeutung vorliegt, so bleibt es dem Schreibenden überlassen, getrennt oder zusammenzuschreiben.

Verbindungen aus Adjektiv und Verb können zusammen- wie auch getrennt geschrieben werden, wenn ein einfaches Adjektiv das Ergebnis eines Vorgangs bezeichnet.

- *Etwas wird blankgeputzt/blank geputzt.*
- *Man muss das kleinschneiden/klein schneiden.*

> ℹ️ Bei den Adjektiven „fest", „tot" und „voll" ist in diesem Zusammenhang die Zusammenschreibung gebräuchlicher als die Getrenntschreibung.

- *Darauf werde ich ihn nun festnageln.*
- *Er hat unseren Hund totgefahren.*

In allen anderen Fällen werden Adjektiv und Verb getrennt geschrieben, insbesondere Verbindungen mit komplexen oder erweiterten Adjektiven.

- *Er ist ihr heute ganz nahe gekommen.*
- *Endlich konnten sie den Dieb dingfest machen.*
- *Du sollst ihn nicht gleich schlagen.*

ZUSAMMEN- UND GETRENNTSCHREIBUNG 4

Verbindungen mit „sein" gelten nicht als Zusammensetzungen. Man schreibt sie daher immer getrennt.

> *an sein, auf sein, außerstande sein,
> beisammen sein, dabei sein, fertig sein,
> hier sein, hinterher sein, imstande sein,
> um sein, vorbei sein, zufrieden sein,
> zurück sein, zusammen sein*

i Bei „außerstande, imstande, zumute" sind beide Schreibweisen möglich.

> *außerstande sein – außer Stande sein
> imstande sein – im Stande sein
> zumute sein – zu Mute sein*

2. Wortverbindungen mit Adjektiv/Partizip

Ist der erste Bestandteil einer Verbindung mit einem Adjektiv ein Partizip, dann schreibt man getrennt.

> *Seine Zähne sind blendend weiß.
> Das Wasser war kochend heiß.
> Strahlend hell stand die Sonne am Himmel.
> Es wehte ein beißend kalter Wind.*

4 ZUSAMMEN- UND GETRENNTSCHREIBUNG

Adjektive und Partizipien als Grundwörter können mit allen Wortarten Zusammensetzungen bilden. Man schreibt diese zusammen, wenn der erste Bestandteil für eine Wortgruppe steht, ein Fugenelement (z. B. ein „s") eingefügt ist, einer der beiden Bestandteile in dieser Form nicht selbstständig vorkommt, wenn zwei gleichrangige Adjektive zusammengesetzt sind oder wenn der erste Bestandteil bedeutungsverstärkend oder -abschwächend ist.

> - *angsterfüllt* (= von Angst erfüllt), *hitzebeständig* (= gegen Hitze beständig), *jahrelang* (= mehrere Jahre lang) *freudestrahlend* (= vor Freude strahlend)
> - *altersschwach, lebenslustig, werbewirksam*
> - *einfach, zweifach, letztmalig, redselig, schwerstbehindert, blauäugig, kleinmütig, vieldeutig*
> - *blaugrau, dummdreist, nasskalt, taubstumm*
> - *bitterböse, brandneu, gemeingefährlich, grundsolide*

Wortverbindungen mit einem Partizip als Grundwort bilden nur dann eine Zusammensetzung, wenn auch das dem Partizip zugrunde liegende Verb eine Zusammensetzung bildet.

ZUSAMMEN- UND GETRENNTSCHREIBUNG 4

> - *Sie kauft häufig tiefgefrorenes Gemüse.*
> - *Wollen Sie das Gemüse tiefgefrieren?*

Entsprechend gilt: Wird der Infinitiv eines Verbs getrennt geschrieben, schreibt man auch seine Partizipformen stets auseinander.

Infinitivform	Partizipform
Staaten bilden	Staaten bildend
Rad fahren	Rad fahrend
verloren gehen	verloren gegangen
gefangen nehmen	gefangen genommen
geheim halten	geheim gehalten
Not leiden	Not leidend

Wortverbindungen mit einem Adjektiv oder Partizip an zweiter Stelle können in einigen Fällen sowohl als Zusammensetzung als auch als Wortgruppe verstanden werden.

Dies betrifft:
1. Verbindungen von Substantiven, Adjektiven, Verben, Adverbien oder Partikeln mit einem adjektivisch gebrauchten Partizip.
2. Verbindungen mit einfachem Adjektiv, das eine Graduierung ausdrückt.
3. Verbindungen von „nicht" mit einem Adjektiv.

4 ZUSAMMEN- UND GETRENNTSCHREIBUNG

> - *Die Rat suchenden Bürger sind beim Bürgermeister versammelt.*
>   (Wortgruppe)
> - *Die ratsuchenden Bürger sind beim Bürgermeister versammelt.*
>   (Zusammensetzung)
> - *Das alles ist wirklich schwer verständlich.*
>   (Wortgruppe)
>   *Das alles ist wirklich schwerverständlich.*
>   (Zusammensetzung)
> - *An der Versammlung konnte nicht jeder teilnehmen, sie war nicht öffentlich.*
>   (Wortgruppe)
>   *An der Versammlung konnte nicht jeder teilnehmen, sie war nichtöffentlich.*
>   (Zusammensetzung)

Wortverbindungen mit „irgend-" schreibt man grundsätzlich zusammen. Wenn der zweite Teil erweitert ist, wird allerdings auseinandergeschrieben.

> - *irgendein, irgendeine, irgendetwas, irgendjemand, irgendwas, irgendwer, irgendwie, irgendwo*
> - *irgend so ein, irgend so eine, irgend so einer, irgend so etwas, irgend so jemand*

ZUSAMMEN- UND GETRENNTSCHREIBUNG

3. Zusammensetzungen mit „zu"

Das Wort „zu" in Verbindung mit einem Infinitiv wird getrennt geschrieben. Es ist dann unbetont. Ist „zu" jedoch Bestandteil einer Zusammensetzung mit eigener Bedeutung, schreibt man zusammen. Es ist dann betont.

> - *Du brauchst die Tür nicht zu schließen*
>   (= zumachen).
> - *Würdest du die Tür bitte zuschließen*
>   (= absperren)?
> - *Da ist nichts zu machen.*
> - *Würdest du bitte das Fenster zumachen*
>   (schließen).

i Wenn das getrennt geschriebene „zu" auf ein mit „zu" zusammengeschriebenes Verb trifft, schreibt man die ganze Verbindung zusammen.

> - *Du brauchst deinen Fehler nicht zuzugeben.*
> - *Wegen mir brauchst du das Fenster nicht zuzumachen.*

Die Geschichte der deutschen Rechtschreibung in Kürze

Von der frühen Neuzeit bis zum 18. Jahrhundert

Zum Ende des Mittelalters existierten im Gebiet des deutschen Reiches unzählige regionale Schreibvarianten, die aus den unterschiedlichen Dialekten hervorgegangen waren: Man schrieb, „wie einem der Schnabel gewachsen war". Erst die Bibelübersetzung Martin Luthers im Jahr 1522 führte zu einer Vereinheitlichung der deutschen Schriftsprache. Die immense Verbreitung dieses Werks, die durch den aufgekommenen Buchdruck ermöglicht wurde, schuf die Bedingungen für die Ausbildung einer überregionalen hochdeutschen Schriftsprache, welche als Neuhochdeutsch bezeichnet wird.

Im Jahr 1788 schließlich veröffentlichte der deutsche Bibliothekar und Germanist Johann Christoph Adelung sogenannte Orthographievorschläge, die einige Zeit später zur Grundlage für den Rechtschreibunterricht an deutschen Schulen wurden. Sie schränkten unter anderem den bis dahin oft immensen Gebrauch des *ß* ein (er wurde ersetzt durch die sogenannte adelungsche *s*-Schreibung).

19. Jahrhundert

Die Brüder Grimm begannen 1838 mit der Zusammenstellung ihres „Deutschen Wörterbuchs" und beeinflussten die

Rechtschreibung dahingehend, dass sie die Kleinschreibung und einen sehr sparsamen Gebrauch großer Anfangsbuchstaben verfolgten.

Nach der Einigung des Deutschen Reiches im Jahr 1871 wurden schließlich vermehrt Forderungen nach einer einheitlichen deutschen Rechtschreibung laut. Als Reaktion darauf trafen sich Vertreter aus allen deutschen Staaten, Österreichs und der Schweiz 1876 in Berlin zur sogenannten ersten Orthographischen Konferenz. Die Ergebnisse waren jedoch spärlich und wurden zudem wenig konsequent umgesetzt. Wirkungsvoller war dagegen die Arbeit Konrad Dudens. Mit der Herausgabe seines Wörterbuchs „Vollständiges Orthographisches Wörterbuch der deutschen Sprache – Nach den neuen preußischen und bayerischen Regeln" im Jahr 1880 gelang es ihm, die einzelstaatlichen Schulvorschriften zusammenzuführen.

20. Jahrhundert

1901 wurde mit der zweiten Orthographischen Konferenz in Berlin ein weiterer Versuch unternommen, die deutsche Schriftsprache zu vereinheitlichen. Eine Errungenschaft dieses Treffens war u. a. die Eliminierung des *th* aus Wörtern deutscher Herkunft (aus *Thal* wurde *Tal*).
Zum viel diskutierten Meilenstein in der Geschichte der deutschen Rechtschreibung wurde schließlich die umfassende Rechtschreibreform aus dem Jahr 1996, deren Regeln seit August 2006 in allen Bundesländern verbindlich sind.

V. Schreibung mit Bindestrich

Die deutsche Sprache bietet die Möglichkeit, aus beliebig vielen Wörtern zusammengesetzte neue Begriffe zu bilden. Man kann diese Wortschöpfungen zusammenschreiben oder aber mit Bindestrichen durchkoppeln. Dadurch lassen sich lange Wörter übersichtlicher machen. Auch können mithilfe des Bindestrichs einzelne Bestandteile in zusammengesetzten Wörtern hervorgehoben und dadurch besonders betont werden. Der Bindestrich zeigt ferner die Auslassung eines Wortteils an, dient der Hervorhebung, steht in Zusammensetzungen mit einzelnen Buchstaben und Ziffern sowie Abkürzungen und kennzeichnet eine Aneinanderreihung.

1. Substantive

Zusammengesetzte Substantive benötigen im Allgemeinen keinen Bindestrich. Wo aber Missverständnisse entstehen könnten, Zusammensetzungen unübersichtlich werden oder einzelne Bestandteile einer Zusammensetzung besonders hervorgehoben werden sollen, kann man einen Bindestrich setzen.

- *Dunstabzugshaube, Baumwollspinnerei, Fußballspiel, Farbfernsehgerät*

SCHREIBUNG MIT BINDESTRICH

> - *Sein Musiker-Leben galt der Trompete. Intensiveres Musik-Erleben mit HiFi-Lautsprecherboxen!*
> - *Straßenbau-Verwaltungsdirektor, Ultraschall-Messgerät, Lotto-Annahmestelle, Scheinwerfer-Reinigungsanlage*
> - *die Ich-Erzählung, das Nach-Denken, die Kann-Bestimmung*

Der Bindestrich sollte so gesetzt werden, dass sinnvolle und übersichtliche Wortteile entstehen. Statt „Schiff-Fahrtslinie" besser „Schifffahrts-Linie". Man sollte immer zuerst überlegen, welche Bestandteile zusammengehören; also nicht „Lottoannahme-Stelle", sondern „Lotto-Annahmestelle".

Der Bindestrich steht als Ergänzungsbindestrich bei zusammengesetzten Wörtern, deren gemeinsamer Bestandteil nur einmal genannt wird. Abgeleitete Wörter sollten mit einem solchen Strich aber besser nicht verkürzt, sondern ausgeschrieben werden. Sind bei drei- und mehrgliedrigen Zusammensetzungen die ersten und letzten Glieder identisch, so können diese weggelassen werden.

> - *Liebes- und Geldsorgen, Schallplattenverkauf und -versand, Sommer- und Winterschlussverkauf*

5 SCHREIBUNG MIT BINDESTRICH

> - nicht: *Lieb- und Freundschaften*,
>   sondern: *Liebschaften und Freundschaften*
> - *Landessozial- und -innenminister,
>   Spirituoseneinfuhr- und -ausfuhrverordnung*

Stehen mehrere Buchstaben oder Wörter vor einem Grundwort, so wird die gesamte Fügung durch Bindestriche verbunden. In substantivischen Kopplungen wird das erste Wort auch dann großgeschrieben, wenn es sich nicht um ein Substantiv handelt. Stehen vor einem substantivisch verwendeten Infinitiv mehrere Wörter, die diesen Infinitiv näher bestimmen, so wird die gesamte Fügung ebenfalls durch Bindestriche verbunden.

> - *Rhein-Main-Halle, U-Bahn-Unfall,
>   Otto-Richter-Straße,
>   Mund-zu-Mund-Beatmung*
> - *In-dubio-pro-reo-Grundsatz,
>   Do-it-yourself-Handwerker*
> - *das Aus-der-Haut-Fahren,
>   das In-den-Tag-Hineinleben,
>   das In-Betrieb-Nehmen,
>   das Nicht-mehr-fertig-Werden*

Treffen in Zusammensetzungen drei gleiche Buchstaben aufeinander, so darf ein Bindestrich gesetzt werden. Die Schreibweise ohne Bindestrich ist aber ebenfalls korrekt.

SCHREIBUNG MIT BINDESTRICH

- *Tee-Export, Armee-Einheit,
  Hochsee-Erfahrung,
  Auspuff-Flamme, Schiff-Fahrt*
- *Teeexport, Armeeeinheit,
  Hochseeerfahrung,
  Auspuffflamme, Schifffahrt*

Ein Bindestrich steht in Zusammensetzungen mit einzelnen Buchstaben, mit Ziffern und mit Formelzeichen. Wortendungen wie „-ig" und „-er" werden ohne Bindestrich angeschlossen. Vor Nachsilben steht nur dann ein Bindestrich, wenn sie mit einem Einzelbuchstaben gekoppelt sind.

- *Es-Dur, Fugen-s, L-förmig, x-Achse,
  V-Ausschnitt*
- *100-prozentig Baumwolle, 3-spaltig, 30-jährig,
  pH-Wert, CO2-gesättigt,*
- *100%ig Baumwolle,
  92er Hochburger Halde Spätlese*
- *das x-te Mal, n-fach*

i Wird die Wortverbindung als Zusammensetzung verstanden, steht der Bindestrich.

> *ein 13er-Schlüssel, eine 63er-Bildröhre,
> in den 60er-Jahren*

5 SCHREIBUNG MIT BINDESTRICH

i Verbindungen mit „Jahr" dürfen auch ohne Bindestrich geschrieben werden.

> *in den 70er Jahren,*
> *in den 40er Jahren*

Mehrteilige Wörter aus dem Englischen (und aus anderen Fremdsprachen) dürfen wie deutsche Wörter auch durch Bindestriche übersichtlicher gemacht werden. Für gewöhnlich werden sie jedoch, genau wie die deutschen Wörter, ohne Bindestrich zusammengeschrieben.

> - *Hardcovereinband – Hardcover-Einband;*
>   *Desktoppublishing – Desktop-Publishing;*
>   *Midlifecrisis – Midlife-Crisis*
> - *afroamerikanisch, Afrolook, Aftershave,*
>   *Jobsharing, Carsharing, Jumbojet,*
>   *Sciencefiction, Highfidelity, Freeclimbing*

i In einigen Fällen kann man zwischen Zusammenschreibung und Getrenntschreibung wählen.

> *Happyend – Happy End;*
> *Highheels – High Heels;*
> *Softdrink – Soft Drink;*
> *Freeclimbing – Free Climbing*

SCHREIBUNG MIT BINDESTRICH

2. Adjektive

Verbinden sich Adjektive, die beide ihre Eigenbedeutung bewahren, zusammen aber eine Gesamtvorstellung wiedergeben, dann kann der Bindestrich weggelassen werden. Dies gilt jedoch nur, wenn der erste Bestandteil keine Ableitung auf „-ig", „-isch" oder „-lich" ist. Bei längeren Zusammensetzungen ist es der größeren Übersichtlichkeit wegen besser, einen Bindestrich zu setzen.

> - *bitter-süß/bittersüß*
> - *Er trug die Rede in einem feierlich-getragenen Tonfall vor.*
> - nicht: *römischkatholisch*, sondern: *römisch-katholisch* (größere Übersichtlichkeit)

3. Farben

Zusammengesetzte Farbbezeichnungen werden meistens ohne Bindestrich geschrieben. Bei unübersichtlichen Zusammensetzungen oder zur Verdeutlichung der Tatsache, dass es sich um gleichrangige Farben, nicht um eine Farbzusammensetzung handelt, kann aber ein Bindestrich gesetzt werden. Adjektive auf „-lich", die einer Farbbezeichnung vorangehen, werden jedoch immer getrennt geschrieben.

5 SCHREIBUNG MIT BINDESTRICH

- *die Schwarzweißfotografie,
  das blassrosa Kleid*
- *das blauweißrote/blau-weiß-rote Kostüm,
  der gelbgrüne/gelb-grüne Stoff*
- *die gelblich grüne Bluse*

i Trennt man ein mehrteiliges, mit Bindestrichen durchgekoppeltes Wort an einer seiner Nahtstellen, so fungiert der Bindestrich am Zeilenende zugleich als Trennungsstrich.

VI. Zahlen und Ziffern

Zahlen kann man sowohl in Ziffern als auch in Buchstaben schreiben. Die frühere Regel, nach der die Zahlen von eins bis zwölf in Buchstaben und alle weiteren Zahlen in Ziffern zu setzen sind, gilt seit der Reform der deutschen Rechtschreibung nicht mehr. Vor allem in Statistiken und Fachtexten werden heute auch niedrige Zahlen in Ziffern gesetzt. Zu berücksichtigen ist dabei allerdings, dass ausgeschriebene hohe Zahlen schwerer zu lesen sind als in Ziffern gesetzte hohe Zahlen. So ist das Wort siebentausenddreihundertvierundfünfzig nicht auf Anhieb in seiner Bedeutung zu erschließen; anders verhält es sich bei der Ziffer 7354.

Vor Abkürzungen von Maßen, Gewichten, Währungen u. a. setzt man die Zahl immer in Ziffern. Wählt man statt der Abkürzungen die vollständigen Formen, so kann die Zahl in Ziffern oder in Buchstaben gesetzt werden.

> - *500 m, 8 kg, 621,- €*
> - *500 Meter/fünfhundert Meter,*
>   *8 Kilogramm/acht Kilogramm,*
>   *621,- Euro/sechshunderteinundzwanzig Euro*

In Romanen und Briefen werden Zahlen meistens in Buchstaben gesetzt.

ZAHLEN UND ZIFFERN

> In Romanen und Briefen gilt:
>
> *An diesem Tag feierte der Erbonkel seinen neunundsiebzigsten Geburtstag.*
> *Zum Erreichen des neunzehnten Lebensjahres gratuliere ich dir herzlich.*

Ganze Zahlen, die aus mehr als drei Ziffern bestehen, werden von der letzten Ziffer ausgehend in dreistellige Gruppen geteilt, die durch einen Zwischenraum voneinander getrennt werden. Dezimalstellen werden von der ganzen Zahl durch ein Komma getrennt und vom Komma ausgehend in Dreiergruppen eingeteilt.

> - *11 237 138 111,- €*
> - *567 831 267*
> - *12,388 22 m*

Bei Rechnungen wird die Zahl der Cents durch ein Komma abgetrennt. Bei der Zeitangabe wird die Zahl der Minuten von der Stundenzahl durch einen Punkt, Doppelpunkt oder durch Hochstellung unterschieden:

> - *28,35 €*
> - *7.58 Uhr, 7^{58} Uhr,*
>   *7:58 Uhr*

ZAHLEN UND ZIFFERN

In Wörtern angegebene Zahlen, die unter einer Million liegen, schreibt man zusammen. Zahlen, die über einer Million liegen, schreibt man dagegen getrennt. Ableitungen, die eine Zahl enthalten, schreibt man zusammen. Zusammensetzungen, die eine Ziffer enthalten, werden mit Bindestrich geschrieben. Das Gleiche gilt für Aneinanderreihungen von Wörtern und in Ziffern geschriebenen Zahlen.

- *zweitausendsiebenhundertachtundneunzig*
- *drei Millionen achthundertachtzehn*
- *7fach (auch: 7-fach)/achtfach, der siebenundsechziger/67er Jahrgang, 8 %ig/achtprozentig*
- *ein 8-karätiger Diamant, ein 10-jähriger Junge*
- *123-PS-Motor, 10000-Meter-Rennen, 5-Zimmer-Wohnung (auch Fünfzimmerwohnung)*

Das Wort des Jahres

Das Wort des Jahres wird seit 1977 jedes Jahr von der Gesellschaft für deutsche Sprache bestimmt. Zur Wahl stehen Wörter, die das betreffende Jahr in der Politik, in den Medien und in der öffentlichen Diskussion geprägt haben.
Im Dezember eines jeden Jahres stellt eine Fachjury einige Spitzenwörter zusammen und präsentiert diese der Presse. Im Jahr 2009 waren dies beispielsweise die folgenden Begriffe:

Abwrackprämie
kriegsähnliche Zustände
Schweinegrippe
Bad Bank
Weltklimagipfel
twittern
Deutschland ist Europameisterin
Studium Bolognese
Wachstumsbeschleunigungsgesetz
Haste mal 'ne Milliarde?

Bei der Entscheidung, welcher dieser Begriffe „Wort des Jahres" wird, geht es nicht um die Häufigkeit seiner Verwendung und es ist damit auch keine Wertung verbunden.

Die bisher ausgewählten Wörter des Jahres sind:

2009	Abwrackprämie
2008	Finanzkrise
2007	Klimakatastrophe
2006	Fanmeile
2005	Bundeskanzlerin

Jahr	Wort
2004	Hartz IV
2003	Das alte Europa
2002	Teuro
2001	Der 11. September
2000	Schwarzgeldaffäre
1999	Millennium
1998	Rot-Grün
1997	Reformstau
1996	Sparpaket
1995	Multimedia
1994	Superwahljahr
1993	Sozialabbau
1992	Politikverdrossenheit
1991	Besserwessi
1990	Die neuen Bundesländer
1989	Reisefreiheit
1988	Gesundheitsreform
1987	AIDS, Kondom
1986	Tschernobyl
1985	Glykol
1984	Umweltauto
1983	Heißer Herbst
1982	Ellenbogengesellschaft
1981	Nulllösung
1980	Rasterfahndung
1979	Holocaust
1978	konspirative Wohnung
1977	Szene

Das Unwort des Jahres

Die Aktion „Unwort des Jahres" wurde 1991 gegründet und ruft die Bürgerinnen und Bürger in der Bundesrepublik Deutschland alljährlich dazu auf, Wörter zu benennen, die das jeweilige Jahr in der Politik, Wirtschaft oder Wissenschaft, in den Medien bzw. in der öffentlichen Diskussion geprägt haben und ihnen als sprachliche Missgriffe besonders negativ aufgefallen sind. „Unwort des Jahres" können Wörter und Formulierungen werden, die sachlich grob und unangemessen sind und möglicherweise sogar die Menschenwürde verletzen – wie dies beispielsweise im Jahr 1999 mit dem Begriff „Kollateralschaden" in besonderer Weise der Fall war.

Bestimmt wird das „Unwort des Jahres" von einer unabhängigen Jury aus Sprachwissenschaftlern. Bis 1994 wurde es – wie das „Wort des Jahres" auch – von Mitgliedern der Gesellschaft für deutsche Sprache ernannt. Allerdings entstand bei der Wahl des Unwortes für das Jahr 1993 ein Konflikt um den Begriff „kollektiver Freizeitpark", der auf eine Äußerung des damaligen Bundeskanzlers Helmut Kohl zurückging, im Verlauf dessen sich die Jury als „Sprachkritische Aktion Unwort des Jahres" selbstständig und von der Gesellschaft für deutsche Sprache unabhängig gemacht hat.

Im Herbst gibt es jeweils einen öffentlichen Aufruf, es können aber im Verlauf des ganzen Jahres Vorschläge für das „Unwort des Jahres" abgegeben werden. Für welches Wort sich die Jury schließlich entschieden hat, wird über die Medien publiziert. In der Vergangenheit wurden die ernannten Unwörter häufig massiv kritisiert – wie z. B. „Ich-AG" oder „Humankapital" – da sie nahezu nicht benutzt bzw. absichtlich falsch verstanden worden wären. Da die sprachkritische Reflexion aber ein wichtiges Anliegen der Jury ist, dürften solche auch kontroversen Diskussionen über das „Unwort des Jahres" durchaus in ihrem Sinne sein.

Bisher ausgewählte Unwörter des Jahres sind:

2008	notleidende Banken
2007	Herdprämie
2006	Freiwillige Ausreise
2005	Entlassungsproduktivität
2004	Humankapital
2003	Tätervolk
2002	Ich-AG
2001	Gotteskrieger
2000	national befreite Zone
1999	Kollateralschaden
1998	sozialverträgliches Frühableben
1997	Wohlstandsmüll
1996	Rentnerschwemme
1995	Diätenanpassung
1994	Peanuts
1993	Überfremdung
1992	ethnische Säuberung

VII. Namen

Namen wie z. B. „Marion", „Christoph", das „Tote Meer", „Saturn" bezeichnen stets einzelne Menschen oder Dinge. Der Name steht daher im Gegensatz zu Gattungsbezeichnungen wie „Mensch", „Tisch", „Hase", „Birne", die stets auf eine durch bestimmte gemeinsame Merkmale identifizierbare Gesamtheit verweisen.

Auch wenn sich ein Name auf eine Gruppe von Menschen bezieht (z. B. „die Schüler"), wird diese Gruppe damit als ein Einzelwesen von anderen Gruppen differenziert. Namen werden nicht nur von Menschen getragen, sondern verweisen auch auf Örtlichkeiten, Institutionen, literarische Werke, historische Ereignisse usw.

1. Personen-, Völker- und Stammesnamen

Personen-, Völker- und Stammesnamen schreibt man groß. Dies gilt auch für Adjektive, Zahlwörter und Partizipien, wenn sie Bestandteil des Namens sind.

> - *Petra, Josef, ein Amerikaner, die Bayern*
> - *Peter der Große, Karl der Kahle*
> - *Karl der Fünfte, Heinrich der Achte*
> - *der Gestiefelte Kater*

NAMEN 7

Als Adjektive verwendete Ableitungen von Personennamen schreibt man klein. Man darf großschreiben, wenn man nach der Grundform des Personennamens einen Apostroph setzt.

> - *die homerischen Epen,
>   die goetheschen Gedichte,
>   die grimmschen Märchen*
> mit Apostroph:
> - *die Homer'schen Epen,
>   die Goethe'schen Gedichte,
>   die Grimm'schen Märchen*

i Doppelnamen, bei denen die Betonung auf nur einem Teil des Namens liegt, werden in der Regel zusammengeschrieben. Doppelnamen, deren beide Teile gleich stark betont werden, schreibt man in der Regel getrennt, mitunter auch mit Bindestrich.

> - *Annemarie, Wolfdieter*
> - *Karl Heinz, Karl-Heinz*

Zusammensetzungen, deren Bestimmungswort ein Personenname ist, werden in der Regel zusammengeschrieben. Soll der Name besonders hervorgehoben werden, kann aber ein Bindestrich gesetzt werden. Das Wort wird dann auch insgesamt übersichtlicher und sein Sinn erschließt sich dem Leser

NAMEN

dadurch schon beim ersten Hinsehen. Diese Regel hat auch dann Gültigkeit, wenn dem Personennamen als Bestimmungswort ein zusammengesetztes Grundwort folgt. Besteht die Bestimmung zu dem Grundwort aus mehreren oder einem mehrgliedrigen Namen, so muss unbedingt ein Bindestrich gesetzt werden.

> - *Beethovendenkmal/Beethoven-Denkmal,*
>   *Goethemuseum/Goethe-Museum*
> - *Mozartgedenkfeier/Mozart-Gedenkfeier*
> - *Heinrich-Böll-Ausgabe,*
>   *Max-Planck-Gesellschaft,*
>   *Robert-Koch-Institut*

Personennamen werden in der Regel ohne Artikel verwendet. Der bestimmte Artikel steht aber, wenn der Kasus (Fall) deutlich gekennzeichnet sein soll. Er steht zudem bei Personennamen, die mit einem Adjektiv verbunden sind. Bestimmter oder unbestimmter Artikel stehen bei Personennamen, die zur Gattungsbezeichnung geworden sind.

> - *Kurt ist unser bester Karatekämpfer.*
>   *Mein Lieblingsschriftsteller ist*
>   *Wilhelm Raabe.*
> - *die besten Dramen des Euripides*
>   (statt: *die besten Dramen Euripides'*)
> - *der alte Manfred, die gute Lisa*

NAMEN

> - *Sie ist die Callas unseres Jahrzehnts.*
> - *Er ist ein wahrer Herkules.*

Völker- und Stammesnamen, die von einem geografischen Namen abgeleitet sind, der mit Bindestrich geschrieben wird, behalten ihren Bindestrich bei. Kein Bindestrich steht dagegen, wenn das Fugenzeichen „-o-" auftritt oder wenn der zweite Teil der Zusammensetzung durch den ersten näher bestimmt wird.

> - *ein Rheinland-Pfälzer, schleswig-holsteinisch*
> - *die Afroamerikaner, galloromanisch*

i Völker- und Stammesnamen werden in der Regel mit Artikel verwendet. Im Plural fällt der Artikel dann weg, wenn die bezeichnete Gruppe nicht näher bestimmt ist. Mit dem Wort „und" zusammengefasste Völker- und Stammesnamen im Plural haben gewöhnlich keinen Artikel:

> - *der Südafrikaner, ein Preuße, die Briten*
>   *Die Österreicher wohnen in einem sehr gebirgigen Land.*
> - *In den baltischen Staaten leben auch Russen.*

NAMEN

> *Eine große Zahl der Gaststudenten sind Asiaten.*
> - *Bayern und Preußen haben oft wenig Sympathien füreinander.*

2. Geografische Namen

Von geografischen Namen abgeleitete Wörter auf „-er" schreibt man immer groß. Sonstige Wörter und Adjektive auf „-isch" schreibt man in geografischen Namen dagegen nur dann groß, wenn sie Teil dieses Namens sind.

> - *das Freiburger Münster, der Berliner Bär, die Schweizer Uhrenindustrie, der Kölner Dom, Münchner Weißwürste, Nürnberger Lebkuchen, das Hamburger Rathaus*
> - *das Rote Meer, der Nahe Osten, die Fränkische Schweiz, der Indische Ozean*

Von geografischen Namen abgeleitete Adjektive auf „-isch" werden kleingeschrieben, wenn sie nicht Teil eines Eigennamens sind.

> *irisches Bier, holländische Butter, japanische Autos, kalifornische Walnüsse, fränkischer Weißwein*

Zusammensetzungen, deren einer Bestandteil ein geografischer Name ist und die aus einem Grundwort und einem einfachen oder mehrgliedrigen Bestimmungswort bestehen, schreibt man in der Regel zusammen. Um die Übersichtlichkeit zu verbessern, ist es aber auch hier möglich, einen Bindestrich zu setzen.
Zwingend ist der Bindestrich, wenn die Bestimmung zu dem Grundwort aus einem mehrteiligen oder aus mehreren geografischen Namen besteht.

> - *Vietnamkrieg, Moselwein, Nildelta, Elberadweg*
>
> Bindestrich ist möglich:
> - *Donau-Dampfschifffahrtskapitän*
>
> Bindestrich ist notwendig:
> - *Rhein-Main-Donau-Kanal, Rhein-Main-Flughafen, Baden-Württemberg*

Bei adjektivischen Zusammensetzungen aus geografischen Namen, in denen jedes der Adjektive seine Eigenbedeutung bewahrt, beide zusammen aber eine Gesamtvorstellung ausdrücken, kann der Bindestrich weggelassen werden. Wird das zweite Adjektiv durch das erste näher bestimmt oder tritt ein Fugenzeichen wie „-o-" auf, steht jedoch kein Bindestrich.

NAMEN

Zusammensetzungen aus ungebeugten Adjektiven oder den Bezeichnungen der Himmelsrichtungen schreibt man in der Regel zusammen.
Ebenfalls zusammen schreibt man die Verbindung eines geografischen Namens mit einem Adjektiv.
Die Wörter „Sankt" und „Bad" stehen vor geografischen Namen meistens ohne Bindestrich und getrennt.

- *deutschrussische/deutsch-russische Beziehungen*
- *lateinamerikanische Kochkunst, schweizerdeutscher Dialekt, serbokroatisches Gebiet, indogermanischer Volksstamm*
- *Oberfranken, Niederbayern, Westfrankreich, Südafrika, Nordkorea*
- *frankreichverbunden, moskautreu*
- *Sankt Gallen, Bad Reichenhall*

Geografische Namen haben oft keinen Artikel. Manche Länder und Landschaften machen von dieser Regel jedoch eine Ausnahme. Berge, Flüsse, Gebirge, Seen und Meere haben immer einen Artikel. Geografische Namen im Plural und einige zusammengesetzte geografische Namen werden ebenfalls mit Artikel verwendet. Bei manchen geografischen Namen ist der Gebrauch des Artikels allerdings schwankend.

> - *Frankreich, Amerika, Sachsen*
>
> Länder und Landschaften,
> die einen Artikel benötigen:
> - *die Türkei, die Schweiz, die Bretagne, der Balkan, das Tessin, die USA, die Steiermark*
> - *die Zugspitze, der Main, die Alpen, der Bodensee, der Atlantik*
>
> schwankender Gebrauch des Artikels:
> - *der Iran/Iran, der Irak/Irak*

Als Namen gelten außerdem u. a. Bezeichnungen für bestimmte historische Ereignisse/Epochen und Institutionen/Organisationen. Die Adjektive werden daher großgeschrieben.

> - *Viktorianisches Zeitalter, Kalter Krieg*
> - *Deutscher Bundestag, Zweites Deutsches Fernsehen*

Es gibt Wortverbindungen aus Adjektiv und Substantiv, die häufig als Namen angesehen werden, aber keine sind. In solchen festen Wortverbindungen schreibt man das Adjektiv klein. Die Unterscheidung zwischen Namen und festen Wortverbindungen ist aber nicht immer leicht zu treffen. Vor

NAMEN

allem, wenn es um den Namen von Institutionen geht, muss man hier genau aufpassen.

> *der griechische Salat, das olympische Feuer,*
> *das große Los, die innere Medizin,*
> *blauer Montag, das neue Jahr, die grüne*
> *Welle, das zweite Gesicht, die höhere*
> *Mathematik*
> *aber:*
> *das Städtische Krankenhaus Mindelheim,*
> *die städtischen Krankenhäuser in Bayern;*
> *die Technische Universität München,*
> *die technischen Universitäten in Bayern;*
> *die Freie Universität Berlin, die freien*
> *Universitäten*

3. Titel/Amtsbezeichnungen, Kalendertage und Artenbezeichnungen aus der Biologie

In Titeln und Amtsbezeichnungen, besonderen Kalendertagen sowie in fachsprachlichen Bezeichnungen aus der Botanik und Zoologie zur Klassifizierung von Arten und Unterarten schreibt man nur Artikel, Verhältniswörter – wie „von, bei, zu" – und Bindewörter – wie „und, aber" klein. Alle anderen Wortarten – einschließlich Adjektive und Partizipien – werden großgeschrieben, obwohl keine Eigennamen vorliegen.

NAMEN

- *Heiliger Vater, der Regierende Bürgermeister von Berlin, Seine Eminenz*
- *Heiliger Abend, Erster Mai, Weißer Sonntag*
- *Fleißiges Lieschen, Grüner Veltliner, Schwarze Witwe*

Berufsbezeichnungen, die ein Adjektiv enthalten, sind keine Titel. Das Adjektiv wird daher kleingeschrieben. Mehrere vor dem Namen stehende Titel und Berufsbezeichnungen werden ohne Komma aneinandergereiht. Zu fast allen Titeln und Berufsbezeichnungen gibt es heute feminine Entsprechungen, die man auch tatsächlich verwenden sollte.

- *die medizinisch-technische Assistentin, der kaufmännische Angestellte*
- *Herr Dr. med. Dr. h.c. Werner Droschke*
- *der Professor, die Professorin; der Minister, die Ministerin; der Graphiker/Grafiker; die Graphikerin/Grafikerin; der Friseur/Frisör, die Friseurin/Frisörin*

Rechtschreibschwäche

Erkennungszeichen

Es gibt Menschen, die besondere Schwierigkeiten haben, gesprochene Sprache in schriftliche Sprache umzusetzen und umgekehrt. Sie leiden an einer sogenannten Rechtschreibschwäche bzw. häufig an einer Kombination aus Lese- und Rechtschreibschwäche (Legasthenie). Die Betroffenen – zu denen auch zahlreiche berühmte und erfolgreiche Persönlichkeiten gehören wie z. B.: Winston Churchill, Albert Einstein, Thomas A. Edison, Hans Christian Andersen, Harry Belafonte, Henry Ford, Cher, Jürgen Fliege u. v. m. – sind keinesfalls generell minderbegabt, im Gegenteil, oft verfügen sie über einen besonders hohen IQ. Beim Rechtschreiben machen sie aber überdurchschnittlich viele Fehler, wobei sich diese nicht genau bestimmen lassen, weil in der Regel ein und dasselbe Wort immer wieder unterschiedlich falsch geschrieben wird. Besonders sind häufig sind:

- Phonemfehler, d. h. Verstöße gegen die lautgetreue Schreibung (Missachtung der Buchstaben-Laut-Zuordnungsregeln, Probleme bei der Gliederung von Wörter: Auslassungen, Verdrehungen, Hinzufügungen),
- Regelfehler, d. h. Verstöße gegen die regelhaften Abweichungen von der lautgetreuen Schreibung (Fehler beim Ableiten bzw. bei der Groß-/Kleinschreibung).

Ursachen

Es gibt verschiedene Ursachen für Legasthenie, im Einzelfall wirken meist mehrere Faktoren zusammen, z. B.: abweichende Hirnstrommuster (oft genetisch bedingt), Warrnnehmungs- und Blickfunktionsstörungen, Folgen einer Sprachentwicklungsstörung, die häusliche Lesesozialisation usw.

Diagnose und Therapie

Mittlerweile gibt es ausgefeilte standardisierte Testverfahren, mithilfe derer Lese- und Rechtschreibschwäche diagnostiziert werden kann. Je früher daraufhin die individuelle Förderung des betroffenen Kindes anhand von wissenschaftlich fundierten Trainingsprogrammen einsetzt, desto besser kann seine phonologische Bewusstheit gefördert werden. Die Leistungen im Rechtschreiben und Lesen können auf diese Weise verbessert werden, letztlich wird die Legasthenie den Betroffenen aber ein Leben lang begleiten.

Konsequenzen für den Schulunterricht

Zwischen 5 und 20 Prozent aller Schüler eines Jahrgangs haben Lese-Rechtschreib-Probleme, die auf eine Legasthenie zurückzuführen sind. Seit einigen Jahren haben sie ein Recht auf einen Nachteilsausgleich, z. B. in Form von Notenschutz (keine Benotung der Lese-/Rechtschreibleistung), Zeitzugaben bei Prüfungen, mündliche Leistungsprüfung und Einsatz von Hilfsmitteln wie z. B. Computern mit Fehlerkorrektur.

VIII. Schreibung von Fremdwörtern

Viele für uns ganz gebräuchliche Wörter stammen eigentlich aus einer ganz anderen Sprache – es handelt sich um Fremdwörter. Als Fremdwort bezeichnet man ein aus einer Fremdsprache übernommenes Wort, das sich in seiner Aussprache, Schreibweise und Flexion dem Deutschen nicht angepasst hat. Wörter aus anderen Sprachen, die sich im Laufe der Zeit dem Deutschen angepasst haben, bezeichnet man dagegen als Lehnwörter (z. B. „Straße" von lat. strata, „Keks" von engl. cake).
Die Zahl der Fremdwörter im deutschen Wortschatz ist hoch; am höchsten liegt sie in der Regel in Fachtexten. Viele Fremdwörter veralten schnell; andere ändern ihre Bedeutung. Stößt man in älteren Texten auf nicht sofort verständliche Fremdwörter, empfiehlt es sich daher, diese nachzuschlagen, da es sonst u. U. zu erheblichen Missverständnissen kommen kann. Der Gebrauch von Fremdwörtern sollte stets überlegt erfolgen. Ein Fremdwort ist dann sinnvoll, wenn es den gemeinten Sachverhalt genauer und knapper ausdrückt als ein deutsches Wort. Auf keinen Fall sollte man Fremdwörter nur verwenden, um besonders kompetent zu wirken.

Häufig verwendete Fremdwörter sind oftmals eingedeutscht und der deutschen Schreibung angeglichen worden. Andere,

SCHREIBUNG VON FREMDWÖRTERN

seltener benutzte Fremdwörter oder bestimmte Wörter aus dem Bildungswortschatz behalten ihre ursprüngliche Schreibweise.

> • *Büro* (Bureau), *Likör* (Liqueur), *Keks* (Cakes)
> • *Courage, Bourgeoisie, Slogan, okkult*

Sehr selten gebrauchte, fachsprachliche Fremdwörter, deren Zitatcharakter überwiegt, behalten ihre durchgehende Kleinschreibung bei. Sie werden zudem in Anführungszeichen oder kursiv gesetzt:

> *Stanley Kubrick hat mit*
> „*Die Rechnung ging nicht auf*"
> *eines der Meisterwerke*
> *des* „*Heistmovie*" *gedreht.*

i Für einige Fremdwörter gibt es Doppelschreibungen. Bei diesen Wörtern darf wahlweise die eingedeutschte Form oder die ursprüngliche Form geschrieben werden. Dabei sind verschiedene Fremdwortgruppen zu unterscheiden.

In französischen Fremdwörtern wird „ai" zu „ai" oder „ä", „c" zu „c" oder „ss", „ou" zu „ou" oder „u", „qu" zu „qu" oder „k", „ch" zu „ch" oder „sch" und „é/ée" zu „é/ée" oder „ee".

8 SCHREIBUNG VON FREMDWÖRTERN

> *Frigidaire/Frigidär,*
> *Necessaire/Nessessär,*
> *Facette/Fassette,*
> *Bouclé/Buklee,*
> *Kommuniqué/Kommunikee,*
> *Chicorée/Schikoree,*
> *Pappmaché/Pappmaschee,*
> *Exposé/Exposee,*
> *Varieté/Varietee,*
> *Dekolleté/Dekolletee*

Ebenso bei:

> *Malaise/Maläse,*
> *Negligé/Negligee,*
> *Rommé/Rommee,*
> *Soufflé/Soufflee,*
> *passé/passee,*
> *Frappé/Frappee,*
> *Séparée/Separee*

In einigen französischen Fremdwörtern ist neben der Schreibung mit „nn" auch die eingedeutschte Schreibweise mit „n" erlaubt.

> *Bonbonniere/Bonboniere,*
> *Chansonnier/Chansonier,*

SCHREIBUNG VON FREMDWÖRTERN

> *Ordonnanz/Ordonanz,*
> *Saisonnier/Saisonier*

Bei der Eindeutung von „Portemonnaie" wird „nn" zu „n" und „aie" zu „ee" (e-Laut). Auch das im Deutschen nicht gesprochene „e" nach dem „t" fällt weg.

> *Portemonnaie/*
> *Portmonee*

Einige Einzelwörter dürfen ebenfalls auf zweierlei Art geschrieben werden:

> *Platitude/Plattitüde,*
> *Vabanque spielen/va banque spielen,*
> *vis-à-vis/vis-a-vis,*
> *Waggon/Wagon*

Bei einer Reihe von Fremdwörtern aus verschiedenen Sprachen darf man zwischen ursprünglicher und eingedeutschter Schreibweise wählen:

> *Yacht/Jacht,*
> *Ski/Schi,*
> *Friseur/Frisör,*
> *Calcium/Kalzium,*
> *Gingko/Ginko*

8 SCHREIBUNG VON FREMDWÖRTERN

> *Grizzlybär/Grislibär,*
> *Hillbillymusic/Hillbillimusik,*
> *Ketchup/Ketschup,*
> *pushen/puschen,*
> *Shrimp/Schrimp,*
> *Spaghetti/Spagetti,*
> *Trekking/Trecking*

Griechische Fremdwörter mit den Wortstämmen „phon", „phot", „graph" können mit „ph" oder „f" geschrieben werden.

> *Diktaphon/Diktafon,*
> *Grammophon/Grammofon,*
> *homophon/homofon,*
> *Megaphon/Megafon,*
> *Photo/Foto,*
> *Autograph/Autograf,*
> *Bibliographie/Bibliografie,*
> *Geographie/Geografie,*
> *Graphit/Grafit,*
> *Graphik/Grafik,*
> *Paragraph/Paragraf,*
> *Pornographie/Pornografie,*
> *Topographie/Topografie,*
> *Stenographie/Stenografie,*
> *Mikrophon/Mikrofon,*
> *phantastisch/fantastisch*

SCHREIBUNG VON FREMDWÖRTERN 8

Lateinische Fremdwörter mit den Endungen „-tial", „-tiell" sind von Hauptwörtern mit der Endung „-anz", „-enz" abgeleitet. Nach dem Grundsatz, dass der Wortstamm erhalten bleibt, dürfen solche Ableitungen auch statt mit „t" mit „z" geschrieben werden. Beide Formen sind erlaubt.

> *differential/differenzial,*
> *Potential/Potenzial,*
> *existentiell/existenziell,*
> *potentiell/potenziell,*
> *substantiell/substanziell*

In Fremdwörtern wird ein langes „i" im Wortinnern immer ohne Dehnungszeichen geschrieben, „ie" taucht nur in den betonten Nachsilben „-ie", „-ier", „-ieren" auf.

> - *Limousine, Krise, Visite, Biwak,*
>   *Vitamin, Sisal, Gardine,*
>   *Spionage, Siguune,*
> - *Deponie, Biologie, Elixier, Turnier,*
>   *zitieren, spekulieren,*
>   *sortieren, kalkulieren,*
>   *Spalier, Partie,*
>   *Psychiatrie*

Ein lang gesprochenes „i" wird in Wörtern englischer Herkunft mit „ee" oder „ea" gekennzeichnet.

8 SCHREIBUNG VON FREMDWÖRTERN

- *Beef, Evergreen, Teenager, Meeting, Weekend, Jeep, Barkeeper, Feedback*
- *Team, Beat, Hearing, Feature, Leasing, Striptease*

Zusammengesetzte Fremdwörter werden meistens in einem Wort geschrieben. Um der Übersichtlichkeit willen kann mitunter auch ein Bindestrich gesetzt werden.

- *Rockpoet, Teamwork, Industriekapitän, Pilotfilm Funktionsverbgefüge, Bestseller, Opportunitätsprinzip*
- *Desktoppublishing/Desktop-Publishing Feedback/Feed-back*

Aus dem Englischen stammende Zusammensetzungen aus Adjektiv und Substantiv können zusammengeschrieben werden, wenn der Hauptakzent auf dem ersten Bestandteil liegt. Sind beide Akzentmuster möglich, kann zusammen- oder getrennt geschrieben werden.

- *Freestyle, Hightech*
- *Hotdog/Hot Dog, Softdrink/Soft Drink*

aber:
- *High Society, New Economy*

SCHREIBUNG VON FREMDWÖRTERN

Das Genus (grammatisches Geschlecht) eines Fremdworts im Deutschen ist oft nicht einfach zu ermitteln. Hier gibt es keine festen Regeln. Als Hinweis kann aber das Genus des deutschen Übersetzungsworts oder eines im Sinn ähnlichen Wortes dienen. Zudem haben Fremdwörter mit derselben Endung im Deutschen oft auch dasselbe Genus. Manche Fremdwörter besitzen aber auch ein schwankendes Genus.

- *der Humbug* nach: der Unsinn, *der Horror* nach: der Schrecken, *das Chanson* nach: das Lied
- „*-ion*": *die Verifikation, die Destruktion, die Kulmination* usw.
- *der/die/das Joghurt, der/das Essay*

Manche Fremdwörter bewahren im Deutschen ihre ursprüngliche Pluralendung. An diese wird keine weitere deutsche Pluralendung mehr angefügt. Manche Fremdwörter, die bereits weitgehend eingedeutscht sind, besitzen aber zwei mögliche Pluralendungen.

- *das Solo, die Soli* (nicht: die Solis); *das Lexikon, die Lexika* (nicht: die Lexikas)
- *das Thema, die Themen, die Themata*

Die englische Pluralendung „-ies" bei bestimmten Wörtern, die im Singular auf „y" enden, muss in deutschen Texten

8 SCHREIBUNG VON FREMDWÖRTERN

immer nach dem deutschen Muster für die Pluralbildung – also bei „y" mit „ys" – geschrieben werden.

> im Englischen:
>
> *hobby – hobbies,*
> *baby – babies,*
> *party – parties,*
> *lobby – lobbies*
>
> im Deutschen:
>
> *Hobby – Hobbys,*
> *Baby – Babys,*
> *Party – Partys,*
> *Lobby – Lobbys*

i Fremdwörter, die international verbreitet sind, nennt man Internationalismen. Sie kommen in ähnlicher oder sogar in identischer Form in mehreren Sprachen vor.

> *System, Radio, Nation* usw.

IX. Worttrennung am Zeilenende

Wörter, die über das Zeilenende hinausgehen, muss man trennen. Als Trennungszeichen dient der kurze Bindestrich.
Zu unterscheiden ist zwischen den Trennungsregeln für einfache Wörter und den Trennungsregeln für zusammengesetzte Wörter.
Die Trennung von Fremdwörtern kann unter Umständen problematisch sein. Auf jeden Fall wichtig ist aber die sinnvolle, leserfreundliche Trennung aller Wörter.
Im Normalfall trennt man am Zeilenende so, wie sich das jeweilige Wort bei langsamem Sprechen in Silben zerlegen lässt.

> *Bau-er, steu-ern, na-iv,*
> *Mu-se-um, eu-ro-pä-i-sche,*
> *Fa-mi-li-en, Haus-tür, Be-fund, ehr-lich*

Steht in einfachen Wörtern zwischen Vokalen ein einzelner Konsonant, so kommt er bei der Trennung auf die neue Zeile. Stehen mehrere Konsonanten dazwischen, so kommt nur der letzte auf die neue Zeile.

> - *Au-ge, Bre-zel, bei-ßen, Rei-he,*
>   *Wei-mar, Trai-ning, ba- nal,*
>   *trau-rig, nei-disch, Hei-mat*

9 WORTTRENNUNG AM ZEILENENDE

> - *El-tern, Hop-fen, Lud-wig, ros-ten,
> leug-nen, sin-gen, sin-ken, sit-zen,
> Städ-te, Bag-ger, Wel-le, Kom-ma,
> ren-nen, Pap-pe, dunk-le, fal-len,
> rat-tern, tip-pen*

Das „-st-" wird wie jede andere Konsonantengruppe getrennt („Wes-te").

i Grundlage für die Silbentrennung ist die *gesprochene Sprache*, nicht die geschriebenen Buchstaben! Bei Wörtern mit den Buchstabenverbindungen „ch", „sch", „ph", „rh", „th" muss man sich fragen, ob die jeweilige Kombination nur einem einzigen Laut in der gesprochenen Sprache entspricht. Ist das der Fall, dann wird sie in der Trennung auch wie ein einzelner Konsonant behandelt („la-chen" also genauso wie „la-den"). Auch „-ck-" fällt unter diese Regel („La-cke" also genauso wie „La-ge").

Wortzusammensetzungen und Wörter mit Vorsilbe trennt man zwischen den einzelnen Bestandteilen.

> *Heim-weg, Schul-hof,
> Ent-wurf, Er-trag,
> Ver-lust, Pro-gramm,
> At-traktion*

WORTTRENNUNG AM ZEILENENDE 9

Da man gerade die langen zusammengesetzten Wörter nicht immer nur an den Stellen trennen will, an denen ihre Bestandteile zusammengefügt sind, muss man diese Regel als Teilregel auffassen. Zuerst schaut man, ob es sich um eine Zusammensetzung oder ein Wort mit Vorsilbe handelt. Die Bestandteile selbst trennt man dann in einem zweiten Schritt bei Bedarf wie einfache Wörter:

> *Schwimm[-]meis-ter,*
> *Kon-zert[-]di-rek-tor,*
> *ab[-]fah-ren,*
> *ir[-]re-al,*
> *Schreib-tisch[-]stuhl*

i Man sollte immer an die Lesefreundlichkeit denken und daher irreführende Trennungen vermeiden. So kann man ein Wort wie *Altbauerhaltung* auf zwei Weisen formal korrekt trennen, als: *Altbau-erhaltung*, aber auch als *Altbauerhaltung*, was leicht zu Missverständnissen führen kann.

Für die Trennung von Fremdwörtern gilt: wenn man will, kann man sie wie deutsche Wörter trennen, man kann aber auch die Buchstabenkombination Konsonant + „*l*", „*n*", „*r*" ungetrennt auf die nächste Zeile übernehmen.
Das Wort *Zyklus* lässt sich also korrekt auf zwei Arten trennen: einmal als „Zyk-lus" und einmal nach Sonderregel als

WORTTRENNUNG AM ZEILENENDE

„Zy-klus" („k+l" bleibt zusammen). Gleiches gilt für „Magnet" („Mag-net", aber auch „Ma-gnet", „g+n" bleibt zusammen) oder für „Februar" („Feb-ruar", aber auch „Fe-bruar", „b + r" bleibt zusammen).

Fremdwörter, die in der Herkunftssprache Zusammensetzungen sind, kann man auf zwei Weisen trennen. Wer die Etymologie des Fremdwortes kennt, trennt: Hekt-ar, sonst trennt man Hek-tar.

> *Chry-san-the-me/Chrys-an-the-me,*
> *in-te-res-sant/in-ter-es-sant,*
> *Li-no-le-um/Lin-ole-um*

Einzelne Vokale am Wortanfang dürfen als Silbe nicht abgetrennt werden, auch nicht bei zusammengesetzten Wörtern.

> - *Abend, Ufer*
> - *Bio-müll, Ju-li-abend*

X. Abkürzungen

Abkürzungen sollen ein Gespräch oder einen Text von langen, umständlichen Ausdrücken befreien. Anstelle von „Personenkraftwagen" zu sprechen, ist es sinnvoller, „Pkw" zu verwenden. Ansonsten gilt für den Umgang mit Abkürzungen dasselbe, was auch für den Umgang mit Fremdwörtern herausgestellt wurde. Vermeiden sollte man Abkürzungen dann, wenn ihr Gebrauch zu Missverständnissen führt oder nur zur Profilierung des Sprechers dienen würde. Auch die Häufung von Abkürzungen ist besser zu unterlassen.

Innerhalb eines fortlaufenden Textes sollen Wörter wie „Seite, Nummer oder Band" nicht abgekürzt werden. Auch Maßeinheiten ohne konkrete Zahlenangaben werden in fortlaufenden Texten nicht abgekürzt.

> - *Während ihres Urlaubs hat sie etliche Kilo zugenommen.*
> - *Wir sind viele Kilometer gefahren.*
> - *Das Zitat steht auf Seite 12 unter Nummer 3.*
> - *Die Studenten sollen in Band 10 des Lexikons nachsehen.*

Steht am Satzende eine Abkürzung mit Punkt, so ist dies gleichzeitig der Schlusspunkt des Satzes.

10 ABKÜRZUNGEN

> *Wir sahen Amseln,*
> *Finken, Meisen usw.*

Einen Punkt nach einer Abkürzung setzt man dann, wenn das abgekürzte Wort üblicherweise in voller Länge ausgesprochen wird. Keinen Punkt setzt man im Allgemeinen nach Abkürzungen, die man auch als solche spricht. Auch die Abkürzungen für chemische Elemente, Himmelsrichtungen und Maßeinheiten haben keinen Punkt.

Abkürzungen mit Punkt
Dr.   Doktor
bzw.   beziehungsweise
z.B.   zum Beispiel
z.T.   zum Teil
Wdh.   Wiederholung

Abkürzungen ohne Punkt
BND   Bundesnachrichtendienst
AG   Aktiengesellschaft
BGB   Bürgerliches Gesetzbuch
H   Wasserstoff
km   Kilometer
NO   Nordost

Einige Abkürzungen mit Punkt werden aber nicht in voller Länge ausgesprochen:

ABKÜRZUNGEN 10

> *Dr. med.,*
> *e.V., K.o.,*
> *a.D.*

i Manche Abkürzungen kann man sowohl mit als auch ohne Punkt schreiben:

> *MdB/M.d.B.,*
> *MdL/M.d.L.*

Die Groß- oder Kleinschreibung von Abkürzungen übernimmt man auch für Zusammensetzungen. Zwischen der Abkürzung und dem Grundwort muss ein Bindestrich stehen. Das letzte abgekürzte Wort darf in Zusammensetzungen nicht noch einmal ausgeschrieben werden. Man verwendet entweder nur die Abkürzung oder löst diese ganz auf.

> *Kfz-Versicherung,*
> *UNO-Vollversammlung, km-Zähler*
> nicht: *ABM-Maßnahme,* sondern:
> *ABM oder Arbeitsbeschaffungsmaßnahme*

Einfache Abkürzungen, die am Satzanfang stehen, schreibt man groß. Mehrteilige Abkürzungen, die mit einem kleinen Buchstaben beginnen, schreibt man, um Missverständnisse zu vermeiden, am Satzanfang besser aus.

10 ABKÜRZUNGEN

> *Vgl. (=Vergleiche) Seite 3!*
> nicht: *M. E. hat er gelogen,* sondern:
> *Meines Erachtens hat er gelogen.*

Das Genus von Abkürzungen ist in der Regel mit dem der vollständigen Form identisch:

> *der Personenkraftwagen – der Pkw,*
> *die Lokomotive – die Lok*
> *das Bürgerliche Gesetzbuch – das BGB*

XI. Zeichensetzung

Satzzeichen haben die Aufgabe, den Satz gedanklich und grammatikalisch zu gliedern. Sie machen die Sinneinheiten sichtbar und erleichtern dem Leser den Überblick. Ein Text ohne Satzzeichen wäre äußerst verwirrend und nur mit Mühe zu lesen. Er kann sogar missverstanden werden.
Zu den Satzzeichen gehören die sogenannten Satzschlusszeichen. Darunter sind zu verstehen: Punkt, Ausrufe- und Fragezeichen. Gliederungsmöglichkeiten innerhalb des Satzes, die das Lesen und Verstehen erleichtern, bieten Komma, Strichpunkt, Doppelpunkt, Gedankenstrich und Klammern.
Zum richtigen Zitieren sind Anführungszeichen und Auslassungszeichen ebenfalls notwendig. Eher Wortzeichen sind dagegen Bindestrich und Apostroph.

1. Punkt

Der Punkt dient in erster Linie als Schlusszeichen am Satzende. Innerhalb eines Textes bezeichnet er die Pausen zwischen den Sätzen und zeigt als Intonationszeichen das Senken der Stimme an. Der Punkt steht aber auch bei Ziffern und bestimmten Abkürzungen. Die drei Auslassungspunkte kennzeichnen Lücken im Text.

11 ZEICHENSETZUNG

Am Satzende:
Der Punkt steht nach Aussagesätzen, nach indirekten (abhängigen) Fragesätzen und nach abhängigen Befehlssätzen. Auch nach unvollständigen Sätzen oder Einzelwörtern steht der Punkt.

> *Die Fahrt verlief ohne Probleme.*
> *Am späten Abend hatten sie ihr Ziel erreicht.*
> *Sie fragte mich, welcher Termin am günstigsten sei.*
> *Ich verlange, dass Sie die Absprachen einhalten.*
> *Kommst du morgen? – Gerne.*

i Auch eigenständige Befehlssätze können mit einem Punkt anstelle eines Ausrufezeichens enden, wenn kein besonderer Nachdruck auf der Aufforderung liegt:

> *Reichen Sie die fehlenden Unterlagen nach.*

Keinen Punkt setzt man im Brief nach Datumsangabe, Grußformel und Unterschrift. Auch nach Überschriften, Titeln und Schlagzeilen steht kein Punkt. Dies gilt auch für Aufzählungen in Einzelteilen, für Listen und Gliederungen. Nach vollständigen Sätzen in Gliederungen brauchen ebenso keine Schlusspunkte gesetzt zu werden.

ZEICHENSETZUNG 11

> *Hamburg, den 19.03.2008*
> *Mit freundlichem Gruß*
> *Thomas Neubauer*
>
> *Schweres Erdbeben in Südkalifornien*
> *In der Nacht zum Mittwoch*
> *bebte in San Diego (Kalifornien)*
> *wieder die Erde ...*
>
> *Zur Anmeldung bringen Sie bitte mit:*
> *- Ihren Personalausweis*
> *- ein polizeiliches Führungszeugnis*
> *- Sehtestbescheinigung*
> *- 18,50 € Anmeldegebühr*
>
> *1. Mensch und Wald*
> *1.1 Der Mensch braucht den Wald*
> *1.2 Der Wald ist krank*

Der Punkt steht nicht nach einem Aussagesatz, der als Satzglied oder Beifügung am Anfang oder innerhalb eines anderen Satzes steht.

> *„Schweigen ist Gold" lautet ein Sprichwort.*
> *Er nahm sich das Motto „Frisch gewagt ist halb gewonnen" zu Herzen und begann unverzüglich mit der Arbeit.*

11 ZEICHENSETZUNG

<u>Bei Ziffern:</u>
Der Punkt wird bei Ziffern zur Gliederung mehrstelliger Angaben verwendet.

Der Punkt steht nach Ordnungszahlen; steht die Ordnungszahl am Satzende, ist er gleichzeitig Schlusspunkt.

> - *der 1. Mai, Karl I., 24. Kapitel*
> - *Zum letzten Mal sahen wir ihn am 29.10.*

<u>Auslassungspunkte</u>
Man setzt die drei Auslassungspunkte, um anzuzeigen, dass eine Aussage oder ein Gedankengang nicht zu Ende geführt wurde. Sie kennzeichnen innerhalb eines Zitats die Stellen, die weggelassen wurden, da sie unwichtig erschienen. Dabei kann es sich um fehlende Wörter oder mehrere Sätze handeln.

> - *Der Krug geht so lange zum Brunnen, bis er …*
> - *„Jeder hat das Recht, seine Meinung in Wort, Schrift, Druck und Bild … frei zu äußern."*

Vor und nach Auslassungspunkten bleibt der Wortzwischenraum. Fehlt nur ein Wortteil, so schließt man die drei Punkte direkt an. Am Satzende dient der dritte Punkt als Schluss-

164

punkt. Ein Schluss- oder Abkürzungspunkt vor der Auslassung bleibt hingegen erhalten:

- *Nenne mir einen Fluss, der mit Do... beginnt.*
  Sch... sagt man nicht!
- *Der Rest ist Schweigen. ...*
  Frankfurt a.M. ...

2. Strichpunkt

Der Strichpunkt (Semikolon) wird dann gesetzt, wenn ein Komma als trennendes Zeichen zu schwach erscheint, ein Punkt aber zu stark trennen würde. In der Regel kann ein Strichpunkt aber auch durch einen Punkt oder ein Komma ersetzt werden.
In Satzverbindungen trennt der Strichpunkt Hauptsätze voneinander und zeigt an, dass ein inhaltlicher Zusammenhang besteht. Man kann den Strichpunkt vor Aussagen setzen, die eine Folgerung aus dem Vorhergehenden ziehen, eine Begründung liefern oder einen Gegensatz ausdrücken. Er steht deshalb oft vor „denn, deshalb, aber, doch, trotzdem" usw.

- *Sie hatte es kommen sehen; es war doch immer dieselbe leidige Geschichte.*

11 ZEICHENSETZUNG

> - *Die fossilen Energiereserven gehen zu Ende; deshalb muss man sparsam mit ihnen umgehen.*
> - *Alle klagen über Verkehrsstaus; trotzdem fährt jeder mit dem Auto in die Stadt.*

Der Strichpunkt steht statt eines Kommas in Aufzählungen und gliedert sie so, dass dem Sinn nach zusammengehörige Gruppen entstehen.

> - *Meine Hobbys sind: Schwimmen, Tennis; Lesen und Musizieren; Nähen, Stricken.*

3. Doppelpunkt

Der Doppelpunkt steht am Ende eines Satzes oder eines Teilsatzes und kündigt etwas an. Dies kann eine Aufforderung sein, eine Aufzählung oder eine wörtliche Rede. Nach einem Doppelpunkt schreibt man groß weiter, wenn ein ganzer Satz folgt.

Der Doppelpunkt steht, wenn etwas angekündigt wird, vor einer angekündigten Aufzählung, vor der wörtlichen Rede und vor Zitaten, wenn diese durch einen Begleitsatz angekündigt werden.

ZEICHENSETZUNG 11

- *Bitte beachten Sie: Die Konzerte heute und morgen fallen wegen Erkrankung des Solisten aus!*
- *Man braucht folgende Zutaten:*
  Mehl, Eier, Zucker, Sonnenblumenöl und Rosinen.
- *Er sagte: „Das soll dir eine Lehre sein."*
- *Das Zitat lautet korrekt:*
  „Er kam, sah und siegte."

Nach einem Doppelpunkt schreibt man groß, wenn ein vollständiger Satz folgt. Klein schreibt man nur, wenn danach eine Aufzählung kommt, die nicht als ganzer Satz gemeint ist oder wenn ein Satzteil folgt.

- *Jens hält sich nicht an die Spielregeln:*
  Wir spielen nicht mehr mit ihm!
- *Er hat alles beschmiert: den Boden,*
  die Wände, die Fenster, das Pult.
- *Sie fand den Schlüssel dort, wo sie es nicht erwartet hätte: im Schlafzimmer.*

i Steht die Aufzählung vor dem Doppelpunkt, wird der nachfolgende Satz kleingeschrieben, wenn der Satzteil nach dem Doppelpunkt nicht als ganzer Satz aufgefasst wird, d.h., der Satz nicht für sich alleine stehen kann.

11 ZEICHENSETZUNG

> - *Entspannung, Sport und Geselligkeit:*
>   *das alles bietet Ihnen unser Verein.*
> - *Wer sich nicht an die Spielregeln hält,*
>   *ständig stört, dauernd meckert, anderen*
>   *den Spaß verdirbt: der kann uns ge-*
>   *stohlen bleiben.*

Der Doppelpunkt kann durch ein Fragezeichen ersetzt werden, wenn ein Fragesatz zugleich eine Aufzählung einleitet. Wenn der Doppelpunkt zu schwach erscheint, kann er durch einen Gedankenstrich ersetzt werden. Wenn ein eingeklammerter Text am Ende eines hinweisenden Satzes steht, folgt der Doppelpunkt der schließenden Klammer.

> - *In welche dieser Städte würden*
>   *Sie am liebsten reisen?*
>   *a) München,*
>   *b) Rom,*
>   *c) Moskau*
> - *Seine Frau und seine Kinder – die*
>   *sind ihm am wichtigsten.*
> - *Achten Sie zunächst vor allem auf*
>   *eins (Weitere Anweisungen erfolgen*
>   *im weiteren Verlauf der Reise!):*
>   *Unter Deck darf nicht geraucht*
>   *werden!*

Der Doppelpunkt dient als Divisionszeichen und als Gliederungszeichen bei der präzisen Zeitangabe. Er wird zudem verwendet, um diverse Zahlenverhältnisse anzugeben.

- *20 : 4 = 5*
- *Die Rakete startet um 05:37 Uhr MEZ.*
- *Diese Landkarte hat den Maßstab 1 : 1 000 000. Bayern München verlor das entscheidende Match mit 1 : 8.*

4. Ausrufe- und Fragezeichen

Ausrufe- und Fragezeichen sind Schlusszeichen. Sie können aber auch eingeklammert mitten im Satz stehen nach Wörtern, die besonders betont bzw. infrage gestellt werden sollen. Bei der wörtlichen (direkten) Rede stehen Ausrufe- und Fragezeichen vor dem Anführungszeichen, wenn sie zum angeführten Satz gehören; beziehen sie sich jedoch auf den übergeordneten Satz, stehen sie nach dem schließenden Anführungszeichen. Gehören Ausrufe- oder Fragezeichen zur Anführung und zum Begleitsatz, werden sie beide Male gesetzt: Gehört ein Ausrufe- oder Fragezeichen zu einem in Gedankenstrichen oder Klammern eingeschobenen Satz oder Satzteil, so steht es vor dem schließenden Gedankenstrich oder der schließenden Klammer. Gehört ein Ausrufezeichen

11 ZEICHENSETZUNG

zu einem Satz und nicht zu einem an dessen Ende in Klammern stehenden Text, dann steht es vor dem eingeklammerten Text. Auf die schließende Klammer muss aber auch noch ein Punkt folgen.

> - *Er will von München nach Venedig zu Fuß (!) gehen.*
> - *Sie soll erst 25 Jahre (?) alt sein.*
> - *„Lass mich endlich in Ruhe!", rief sie wütend.*
> - *Kennen Sie Goethes „Faust"?*
> - *Hör auf mit dem ständigen „Lass mich in Ruhe!"!*
>   *Kennst du das berühmte Theaterstück „Wer hat Angst vor Virginia Woolf?"?*
> - *Er hat tatsächlich – es ist einfach nicht zu glauben! – sein gesamtes Vermögen im Kasino verspielt.*
>   *Verena schrieb mir – aber kann das wahr sein? – dass du nach Frankfurt umgezogen seist.*
> - *Wie sind wir alle Fremde doch!* (F. Werfel).

Das Ausrufezeichen steht nach Interjektionen, nach Satzteilen und Sätzen, die eine Aufforderung, einen Befehl, einen Wunsch oder ein Verbot beinhalten. Es steht auch in Überschriften.

ZEICHENSETZUNG 11

- *Pfui! Au! Oh! Nein, nein und nochmals nein!*
- *Kommen Sie sofort mit!*
- *Wenn ich nur helfen könnte!*
- *Parken verboten!*
- *Ein aufregender Sonntag!*

i Nach Sätzen, die zwar grammatisch eine Aufforderung ausdrücken, aber ohne Nachdruck gesprochen werden, steht kein Ausrufezeichen.

Nehmen Sie einstweilen Platz.

Ausrufezeichen stehen auch nach Fragesätzen, die als Ausruf zu verstehen sind. Auch die Kombination mit dem Fragezeichen ist möglich. Nach der Anrede bei der Niederschrift einer Ansprache setzt man das Ausrufezeichen, während es im Brief weitgehend durch das Komma ersetzt wird. Nach der Grußformel im Brief steht kein Ausrufezeichen, außer es handelt sich um einen Wunsch.

- *Was erlauben Sie sich eigentlich!*
- *Kann das wahr sein?! Ist das möglich?!*
- *Sehr geehrte Gäste, liebes Brautpaar!*
- *Herzliche Grüße*
- *Viel Glück!*

11 ZEICHENSETZUNG

Das Fragezeichen steht nach Fragesätzen – auch in Überschriften – und nach Fragewörtern. Es steht ebenfalls nach Fragen, auf die man keine Antwort erwartet (rhetorische Fragen), nicht aber bei der indirekten (abhängigen) Frage.

- *Darf ich morgen noch einmal kommen?*
- *Warum? Weshalb? Wieso denn? Wann genau? Wer?*
- *Kannst du vielleicht in die Zukunft sehen?*
- *Sie fragte, wann sie kommen dürfe.*

i Das Fragezeichen steht nach Sätzen, die aufgrund ihrer Wortstellung zwar Aussagesätze sind, durch ihre Betonung jedoch als Fragen erkennbar werden. Es steht zudem nach einzelnen Wörtern oder Satzstücken, die einen vollständigen Fragesatz vertreten. Auf Fragesätze, die ein Erstaunen oder eine Aufforderung formulieren, folgt jedoch das Ausrufezeichen.

- *Du hast ihn wirklich geküsst? Das muss wohl so sein?*
- *Verstanden? (= Hast du mich verstanden?), In Ordnung? (= Ist das in Ordnung?)*
- *Das meinst du doch nicht im Ernst! Wann hörst du endlich mit diesem Unsinn auf!*

ZEICHENSETZUNG 11

5. Komma

Das Komma ist ein häufiges Satzzeichen. Es dient dazu, den grammatikalischen Aufbau eines Satzes zu verdeutlichen, den Satz zu gliedern und ermöglicht somit ein flüssiges Lesen. Eine fehlerhafte Kommasetzung kann unter Umständen den Sinn verändern.
Grundsätzlich gilt, dass Nebensätze durch Kommas abgetrennt werden, ein Komma zwischen Reihungen und Aufzählungen steht sowie Einschübe und Zusätze kennzeichnet.
Bei Infinitiven und Partizipien ist die Kommasetzung in einigen Fällen freigestellt. Es darf ein Komma gesetzt werden, um den Satz übersichtlicher zu machen und Missverständnisse zu vermeiden. Die Schreibenden haben hier eine Wahlmöglichkeit.

Zwischen Sätzen und Satzteilen:
Ein Satz kann aus aneinandergereihten Hauptsätzen, Satzreihe genannt, oder aus Haupt- und Nebensätzen, Satzgefüge genannt, bestehen. Das Komma dient in beiden Fällen dazu, die jeweiligen Verbindungsstellen anzuzeigen und somit lange Sätze übersichtlich und lesbar zu gestalten.

Kein Komma steht in einem einfachen Hauptsatz, auch wenn dieser durch Beifügungen und Umstandsbestimmungen (z.B. Zeit- oder Ortsangaben) verlängert wird.

11 ZEICHENSETZUNG

> - *Mein Freund fährt nach München.*
> - *Letztes Wochenende fuhr mein Freund mit seiner Schwester und deren Mann in seinem kürzlich erworbenen Auto über die Autobahn nach München.*

Vergleiche, die mit „als" oder „wie" eingeleitet werden, trennt man nicht durch Kommas ab, wenn die folgende Wortgruppe nur ein Satzteil ist; es handelt sich dann um einen einfachen Hauptsatz. Sobald „als" oder „wie" einen Nebensatz einleiten, trennt man durch Kommas ab. Dass es sich um einen Nebensatz handelt, erkennt man in diesem Fall daran, dass er ein eigenes Verb hat.

> - ohne Komma:
> *In diesem Jahr regnete es mehr als in den vergangenen Jahren.*
> *Er benötigte für die gleiche Arbeit ebenso viel Zeit wie Peter.*
>
> - mit Komma:
> *Der erste Schnee fiel früher, als man erwartet hatte.*
> *Unsere Reise verlief so aufregend, wie ich es erhofft hatte.*
> *Wir verbringen den Tag so, wie es uns gefällt.*

ZEICHENSETZUNG 11

Reiht man Hauptsätze zu einem Satz aneinander (Satzreihe), so setzt man Kommas dazwischen. Dies betrifft gleichrangige Teilsätze, Wortgruppen und einzelne Wörter in Aufzählungen.

> - *Die Handwerker lärmten, das Telefon läutete, jemand mähte den Rasen.*
> - *Das ist ja großartig, welch ein Glück!*
> - *Er wartete auf seine Frau, seinen Vater, den Vetter aus Amerika, die Tante aus Bochum.*

i Sind die gleichrangigen Teilsätze, Wortgruppen oder Wörter durch „und, oder, beziehungsweise/bzw., sowie (= und), wie (= und), entweder ... oder, nicht ... noch, sowohl ... als auch, sowohl ... wie auch, weder ... noch" verbunden, so setzt man kein Komma.

> *Die Handwerker lärmten und das Telefon läutete und jemand mähte den Rasen.*
> *Er wartete sowohl auf seine Frau als auch auf seinen Vater wie auch auf seinen Vetter aus Amerika sowie auf die Tante aus Bochum.*
> *Der Bus fährt sowohl werktags als auch am Wochenende.*
> *Er kauft sich entweder eine neue Jacke oder einen Mantel.*

11 ZEICHENSETZUNG

Wahlmöglichkeit:
Bei selbstständigen Sätzen, die durch „und, oder, beziehungsweise/bzw., entweder ... oder, nicht ... noch, weder ... noch" usw. verbunden sind, darf man ein Komma setzen, um die Gliederung des ganzen Satzes übersichtlicher zu machen.

> - *Die Großmutter backte ihren beliebten und bewährten Apfelkuchen, und die Enkel und Nachbarskinder aßen ihn auf.*
>
> - *Wollen wir heute mit Bernd, Ida und Ralf zusammen ins Schwimmbad gehen, oder wollt ihr lieber mit Olaf, Jörg und seiner Mutter einen Stadtbummel machen?*

Eingeschobene Satzteile oder Nebensätze werden durch Kommas abgetrennt:

> *Das Wohnhaus, ein traditioneller Holzbau, und die Stallungen brannten bis auf die Grundmauern nieder.*

Vor „aber, doch, jedoch, sondern" steht ein Komma, wenn diese als Konjunktionen (Bindewörter) zwischen gleichrangigen Wörtern oder Wortgruppen stehen.

ZEICHENSETZUNG 11

> - *Der November war verregnet, aber mild.*
> - *Er trinkt nicht nur Bier, sondern auch Wein.*

Nebensätze grenzt man mit einfachem Komma ab. Sind sie eingeschoben, schließt man sie durch Komma ein (paariges Komma).

> - *Es kam zu einem Verkehrsstau, weil die Autobahn nur einspurig befahrbar war.*
> - *Der Fahrer, der am letzten Dienstag Unfallflucht begangen hatte, meldete sich bei der Polizei.*

i Nebensätze können durch Konjunktionen eingeleitet werden. Besonders häufig sind:

> *als, bevor, bis, ehe, nachdem,*
> *sobald, sooft, solange, während;*
> *wenn, weil, da, falls, sofern;*
> *dass, sodass, als dass,*
> *ohne dass, damit;*
> *obwohl, wenngleich,*
> *obgleich, wenn auch;*
> *als ob, je ... desto*

11 ZEICHENSETZUNG

Konjunktionen im Satzzusammenhang:

> *Du musst fleißiger lernen,*
> *wenn du die Prüfung bestehen willst.*
> *Ich glaube nicht, dass er noch erscheinen wird.*
> *Sobald sie die Arbeit beendet hat,*
> *können wir losfahren.*

Nebensätze können auch Relativsätze sein, die man daran erkennt, dass sie mit einem Relativpronomen wie „der, die, das, dessen, deren, dem, den" usw. beginnen:

> *Die Kinder, denen ich Schokolade*
> *geschenkt habe, kommen immer wieder.*
> *Das Buch, das du mir geliehen hast,*
> *ist wirklich spannend.*

Nebensätze, die mit einem Wort mit „w" beginnen (wer, was, wo, wogegen, wobei, wofür, wodurch, womit, welcher, worin, worauf, wovon, wozu, worüber), werden ebenfalls immer durch Kommas abgetrennt:

> *Er zeigte mir, was er den ganzen*
> *Tag über gemacht hatte.*
> *Wer nicht hören will, muss fühlen.*
> *Der Prüfer sah mich streng an, wovon ich sehr*
> *nervös wurde.*

ZEICHENSETZUNG 11

Die indirekte (abhängige) Rede und der indirekte Fragesatz werden durch Kommas abgetrennt.

> - *Die Nachbarn sagen, er habe sich ganz zurückgezogen.*
>   *Er habe in dieser schrecklichen Situation einfach Angst gehabt, erklärte der Polizist.*
> - *Ich weiß nicht, ob wir richtig gehandelt haben.*
>   *Er konnte nicht erklären, wie das Unglück geschehen war.*

Mehrere Nebensätze innerhalb eines Satzes (Satzgefüge) werden durch Kommas voneinander getrennt.

> - *Alle Zuschauer hofften, dass er auch das letzte Hindernis fehlerfrei überspringen würde* (= 1. Nebensatz), *nachdem er den ganzen Parcours bisher glänzend bewältigt hatte* (= 2. Nebensatz).
> - *Als er die Straße hinunterging* (= 1. Nebensatz), *fiel ihm ein, dass er zu ihrem Geburtstag noch Blumen besorgen wollte* (= 2. Nebensatz).

i Bei formelhaften oder sehr kurzen Nebensätzen hat man die Wahlmöglichkeit, das Komma wegzulassen oder es zu setzen.

11 ZEICHENSETZUNG

> - *Wie bereits gesagt glaubt niemand mehr daran. Ich schreibe wenn nötig den Brief noch heute. Ich begreife nicht weshalb (er das tut).*
> - *Wie bereits gesagt, glaubt niemand mehr daran. Ich schreibe, wenn nötig, den Brief noch heute. Ich begreife nicht, weshalb (er das tut).*

Infinitive mit „zu", Partizipien und Adjektivgruppen:

Der Infinitiv ist die Grundform des Verbs; häufig ist er mit „zu" oder „um zu" erweitert („schreiben, laufen, gehen, sein, kommen; zu schreiben, zu laufen, zu gehen, zu sein, zu kommen").
Partizipien sind Formen wie „weinend, schreiend, gelaufen, geformt".
Adjektivgruppen sind Wortgruppen, die aus Eigenschaftswörtern („sprachkundig und schreibgewandt") oder anderen Wortarten bestehen und insgesamt eine Eigenschaft bezeichnen („außer sich vor Freude", „blass vor Neid").

Infinitivgruppen grenzt man durch Komma ab, wenn sie mit „um, ohne, statt, anstatt, außer, als" eingeleitet werden.

> - *Sie öffnete das Fenster, um frische Luft hereinzulassen.*

> - *Das Kind rannte, ohne auf das Auto zu achten, auf die Straße.*

Wenn Infinitivgruppen von einem Substantiv abhängen, müssen sie durch Komma abgetrennt werden.

> - *Er fasste den Plan, heimlich abzureisen.*
> - *Er wurde bei dem Versuch, die Süßigkeiten zu stehlen, erwischt.*

i Handelt es sich in diesem Fall aber um den einfachen Infinitiv, kann das Komma auch weggelassen werden.

> - *Den Plan(,) abzureisen(,) hatte sie schon lange gefasst.*

Infinitivgruppen, die von einem Verweiswort abhängen, werden durch Komma abgetrennt. Dies gilt auch für Partizip- oder Adjektivgruppen.

> - *Olaf hatte nicht mehr damit gerechnet, doch noch zu gewinnen.*
> - *Damit, doch noch zu gewinnen, hatte Olaf nicht gerechnet.*
> - *So, vor Glück über das ganze Gesicht strahlend, kam sie auf mich zu.*

11 ZEICHENSETZUNG

> ℹ️ Auch in diesem Fall kann das Komma weggelassen werden, wenn es sich um einen einfachen Infinitiv handelt.

> - *Thomas dachte nicht daran(,) zu gehen.*

In allen anderen Fällen darf bei Infinitiv- sowie in Partizip-, Adjektiv- und entsprechenden Wortgruppen ein Komma gesetzt werden, um die Gliederung des Satzes deutlich zu machen und Missverständnisse auszuschließen.

> - *Es lohnt sich(,) nicht zu kommen.*
>   *Es lohnt sich nicht(,) zu kommen.*
> - *Durch das Lob angespornt(,) machte er sich mit großem Eifer an die Arbeit.*
> - *Sie kam außer sich vor Freude nach Hause.*
>   *Sie kam(,) außer sich vor Freude(,) nach Hause.*

Ein Komma muss auch dann gesetzt werden, wenn die Infinitiv- oder Partizipgruppe im Laufe des Satzes direkt wieder aufgenommen wird oder wenn sie als Nachtrag am Ende eines Satzes auftritt:

> - *Ein Haus zu bauen, das war ihr Wunsch.*
> - *Er kam auf mich zu, über das ganze Gesicht strahlend.*

ZEICHENSETZUNG 11

> - *Die Klasse war auf dem Schulhof versammelt, zum Ausflug bereit.*

<u>Bei Aufzählungen:</u>
Aufzählungen von Einzelwörtern und Satzteilen können unverbunden oder durch Konjunktionen verbunden aneinandergereiht sein. Dafür gibt es verbindliche Kommaregeln.

Aneinandergereihte Wörter oder Wortgruppen werden durch Kommas voneinander getrennt. Sobald ein Teil der Aufzählung durch „und" oder „oder" angeschlossen wird, steht kein Komma davor.

> - *Schneeglöckchen, Krokusse, Tulpen sind die ersten Frühlingsboten im Garten.*
> - *Wenn der Motor nicht anspringt, dann kann dies an einer fehlerhaften Zündung, am leeren Benzintank, an der leeren Batterie liegen.*
> - *Schneeglöckchen, Krokusse und Tulpen sind die ersten Frühlingsboten.*
> - *Wenn der Motor nicht anspringt, liegt dies an der Zündung, an der Kälte, am fehlenden Benzin oder an der Batterie.*

Aneinandergereihte Adjektive werden ebenfalls durch Kommas voneinander getrennt. Bildet aber das letzte

Adjektiv mit dem dazugehörigen Substantiv einen festen Begriff (z.B. „französischer Käse, schmiedeeisernes Gitter"), so steht vor dem letzten Adjektiv kein Komma.

> **i** Als Entscheidungshilfe, ob es sich um einen festen Begriff handelt, dient die „und-Probe": Kann man ein „und" zwischen das vorletzte und letzte Adjektiv setzen, so ist das Komma erforderlich. Soll der Satz so verstanden werden, als wenn kein „und" möglich wäre, setzt man keines:

- *die neue, große, schöne Wohnung*
  (die neue, große und schöne Wohnung)
- *ein Kasten dunkles bayrisches Bier*
  (es gibt auch helles bayrisches Bier)/
  ein Kasten dunkles, bayrisches Bier
  (es gibt auch anderes dunkles Bier)

Zusätze und Nachträge

Wortgruppen, die ein vorher genanntes Substantiv oder einen Satzteil näher erläutern, unterbrechen als Einschübe, Zusätze oder Nachträge den Satz und werden durch Kommas abgetrennt. Manchmal kann der Schreiber selbst bestimmen, ob er eine Wortgruppe mit Komma als Zusatz oder Nachtrag kennzeichnen will oder nicht. Erläuternde Zusätze, die ein Substantiv näher bestimmen und selbst ein Substantiv im gleichen Fall enthalten, nennt man Beisatz oder Apposition

ZEICHENSETZUNG 11

(z.B. „Christoph Kolumbus, der Entdecker Amerikas, ..."). Appositionen werden durch Kommas abgetrennt.

Ein Satzteil, der ein Wort näher bestimmt, wird immer dann durch Kommas abgetrennt, wenn er nachgestellt am Satzende steht (Nachtrag) oder direkt auf das Bezugswort folgt (Einschub). Oft beginnen diese erklärenden Einschübe und Zusätze mit „und zwar, besonders, nämlich, d.h., z.B., vor allem" usw.

> - *Siehst du das Haus dort, das gelbe?*
>   *Es war ein schöner Wintertag, sonnig*
>   *und kalt.*
> - *Energiesparen kann jeder, z. B. beim Heizen.*
> - *Drei Bäume, nämlich zwei Linden und*
>   *eine Kastanie, mussten gefällt werden.*
> - *Das Wandern, besonders im Frühjahr oder*
>   *Herbst, macht ihr große Freude.*

i Die erläuternde Bestimmung kann auch innerhalb des Satzes stehen. Will man sie betonen, trennt man sie durch Kommas ab. Auch die Schreibung ohne Kommas ist möglich; dann ist die Erläuterung eine einfache Umstandsangabe. Wenn die Ergänzung zwischen dem Substantiv und dem dazugehörenden Artikel, Pronomen oder Zahlwort steht, setzt man keine Kommas.

11 ZEICHENSETZUNG

> - *Sie können mich täglich, außer montags, anrufen.*
> - *Sie können mich täglich außer montags anrufen.*
> - *Meine in Amerika lebende Schwester kommt zu Besuch.*

Eingeschobene Appositionen werden durch paarige Kommas abgetrennt.

> *Albert Einstein, Nobelpreisträger für Physik, wurde in Ulm geboren.*
> *Paris, die Hauptstadt Frankreichs, ist eines der beliebtesten Reiseziele in Europa.*

Bei Eigennamen, die einem Titel, einer Berufsbezeichnung oder dergleichen folgen, ist die Kommasetzung freigestellt. Dabei muss man allerdings berücksichtigen, dass durch das Setzen oder Weglassen des Kommas unter Umständen unterschiedliche Lesearten entstehen können:

> - *Der Erfinder der Buchdruckerkunst(,) Johannes Gutenberg(,) wurde in Mainz geboren.*
> - *Unser Physiker, Dr. Friedrich Müller, hat ein Patent angemeldet;*

ZEICHENSETZUNG 11

> *unsere Chemikerin, Dr. Renate Schmitt, ebenfalls.*
> (Es gibt nur einen Physiker und eine Chemikerin in der Firma)./
> *Der Physiker Niels Bohr hat eine Entdeckung gemacht.*
> (Es gibt mehrere Physiker, die Namensnennung ist notwendig, um die gemeinte Person eindeutig zu bezeichnen).

Beinamen und römische Zahlen bei Herrschernamen stehen ohne Komma. Das Gleiche gilt für Zusätze wie junior oder senior. Beinamen, die aus einem Substantiv mit Attribut bestehen, werden jedoch in Kommas eingeschlossen. Hat eine Person zwei Beinamen, so wird meistens der zweite Beiname in Kommas eingeschlossen.

> - *Friedrich der Große, Karl V., Hermann Weinberger senior, Otto Müller junior*
> - *Das Denkmal von Friedrich Wilhelm, dem Großen Kurfürsten, wurde im folgenden Jahr errichtet.*
> - *Ludwig XIV., der Sonnenkönig, ließ Schloss Versailles erbauen.*

Mehrteilige Orts-, Wohnungs-, Zeit- und Literaturangaben werden durch Komma abgetrennt, wenn sie keine Präposition

11 ZEICHENSETZUNG

enthalten. Dabei ist es den Schreibenden freigestellt, ob sie am Schluss einer mehrteiligen Fügung ein Komma setzen oder nicht. Ohne schließendes Komma wird die Fügung als Reihung aufgefasst, mit schließendem Komma ist sie ein Zusatz.

> - *Rainer Schöne, Köln, Rosenweg 13, Hinterhaus, ist der Gewinner unseres Preisausschreibens.*
>   *Die Tagung beginnt am Freitag, dem 15. März, um 16 Uhr im Gewerkschaftshaus.*
>
> - *Frau Klara Strobel, Hamburg, Fliederweg 20 ist als Erbin eingesetzt.*
>
> - *Die Tagung soll am Mittwoch, dem 14. November beginnen.*
>   *Die Tagung soll am Mittwoch, dem 14. November, beginnen.*

Zwischen zwei Zeitangaben, die mit einer Präposition verbunden sind, steht dagegen kein Komma:

> - *Er kommt am Sonntag um 9 Uhr an.*
>   *Frau Klara Strobel hat in Köln im Fliederweg 20 gewohnt.*

Hervorhebungen:
Einzelwörter oder Satzteile kann man durch Kommas hervorheben; sie erhalten dadurch mehr Nachdruck. Dies betrifft insbesondere Anreden, Ausrufe oder Ausdrücke einer Stellungnahme, Bejahung, Verneinung, Bekräftigung, Bitte.

> - *Freunde, bleibt bitte alle noch einen Moment da!*
> - *Oh, das wäre schön.*
>   *Ach, er ist wieder weg!*
>   *Was, du hast geheiratet?*
> - *Ja, genau das habe ich gemeint.*
>   *Nein, damit bin ich nicht einverstanden!*
>   *Tatsächlich, so ist es gewesen.*
>   *Komm, bitte, morgen pünktlich*
>   (auch möglich: Komm bitte morgen pünktlich).

6. Gedankenstrich

Der Gedankenstrich hat vielfältige Aufgaben; er kann Hervorhebungen kennzeichnen und zeigt gedankliche Pausen an. Er markiert Einschübe und gliedert den Satz.

Innerhalb des Satzes schließt der Gedankenstrich Einschübe ein, die stärker als durch Kommas hervorgehoben werden

11 ZEICHENSETZUNG

sollen. Er kennzeichnet auch eine Denkpause oder deutet etwas Überraschendes an. Er kann aber auch den Abbruch eines Gedankens verdeutlichen. Bei der Wiedergabe von Gesprächen zeigt er den Sprecherwechsel an. Auch einzelne Stichwörter können durch Gedankenstriche miteinander verbunden werden.

> - *Seit zwei Monaten –
>   es ist kaum zu glauben –
>   habe ich keine Zigarette mehr
>   angerührt.*
> - *Er rief sie. Sie drehte sich um –
>   es war eine fremde Frau.*
> - *Wenn ihm niemand hilft, dann –*
> - *„Bist du schon fertig?" –
>   „Nein, so schnell geht das nicht."*
> - *Suppen – Salate – Hauptgerichte –
>   Nachspeisen*

Werden in einen Satz ein vollständiger Satz oder ein Satzteil mit Gedankenstrichen eingeschoben, dann stehen die Satzzeichen des einschließenden Satzes genau so, als ob der eingeschlossene Satz nicht existieren würde. Dies gilt für das Komma ebenso wie für den Doppelpunkt. Wird in einen Satz ein vollständiger Satz mit Gedankenstrichen eingeschoben, dann wird der eingefügte Satz nicht mit einem Punkt abgeschlossen.

ZEICHENSETZUNG 11

> - *Du schreibst – und dies freut mich sehr –,
>   ich hätte gute Arbeit geleistet.*
> - *Sie rief mit aller Kraft –
>   die Verzweiflung war ihr ins Gesicht
>   geschrieben –: „Schneller, schneller!"*
> - *Am frühen Abend – die Sonne ging gerade
>   unter – erreichten wir endlich unser Ziel.*

7. Klammer

Es gibt runde und eckige Klammern.

Runde Klammern kennzeichnen erklärende Einschübe und betonen diese weniger stark als Gedankenstriche. Steht der Einschub in Klammern am Ende des Satzes, setzt man das Schlusszeichen dahinter. Steht ein vollständiger Satz zwischen den Klammern, so steht sein Schlusspunkt innerhalb der Einklammerung.

> - *Ich fange nächsten Herbst (ab Anfang
>   Oktober) in der neuen Firma an.*
> - *Gestern Abend rief Maren endlich an
>   (gegen 19 Uhr).*
> - *Geben Sie die Abschrift baldmöglichst
>   bei uns ab. (Weitere Anweisungen er-
>   folgen später.)*

11 ZEICHENSETZUNG

Eckige Klammern schließen einen Einschub ein, der zwischen runden Klammern steht. Buchstaben oder Wortteile, die man weglassen kann, stehen in eckigen oder runden Klammern. In wissenschaftlichen Texten stehen eckige Klammern, um in Zitaten eigene Zusätze deutlich zu machen.

> - *Wir benötigen noch Bastelmaterial (Stoffreste, Garne, Wolle [nur Naturmaterial]) für die Vorbereitung unseres Weihnachtsbasars.*
> - *Auto[mobil], Auto(mobil)*
> - *In der erwähnten Passage heißt es: „Niemals hätte ich gedacht, dass mir dieses Mädchen [die Rede ist von der späteren Frau des Autors] so sehr ans Herz wachsen würde."*

8. Anführungszeichen

Mit Anführungszeichen kennzeichnet man die wörtliche Rede sowie Zitate. Auch für Hervorhebungen werden sie verwendet.

Anführungszeichen markieren die wörtliche Rede und wörtlich wiedergegebene Gedanken. Ist die wörtliche Rede durch einen Begleitsatz unterbrochen, wird jeder Teil in Anführungszeichen gesetzt.

- *Ihr letzter Gedanke war:
  „So bald werde ich ihn nicht wiedersehen."*
- *„Gegen Abend", sagte Peter,
  „komme ich wieder."*

Zitate sowie Titel von Büchern und dergleichen werden in Anführungszeichen gesetzt.

- *„Wer zu spät kommt, den bestraft
  das Leben" lautet ein geflügeltes Wort.*
- *Der „Zauberberg" ist ein bedeutendes Werk
  der Weltliteratur.*

Mit Anführungszeichen kann man auch Einzelwörter und Buchstaben hervorheben. Man kennzeichnet damit auch ironisch Gemeintes.

- *Das Wort „Bronze" schreibt
  man mit „z".*
- *Du hast dich wirklich
  „großartig" benommen.*

Halbe Anführungszeichen verwendet man, wenn zwei Anführungen ineinandergeschoben sind.

11 ZEICHENSETZUNG

> *„Ich habe jetzt auch das Musical 'Cats' gesehen", sagte Miriam stolz.*

Punkt, Ausrufe- und Fragezeichen gehören vor das schließende Anführungszeichen, wenn sie selbst zu dem zwischen Anführungszeichen stehenden Textteil gehören. Nach dem schließenden Anführungszeichen wird dann kein Punkt mehr gesetzt. Ansonsten stehen Punkt, Ausrufe- und Fragezeichen nach dem schließenden Anführungszeichen. Das Komma steht dagegen immer nach dem schließenden Anführungszeichen. Auch auf einen mit Ausrufe- oder Fragezeichen endenden Textteil folgt nach dem schließenden Anführungszeichen ein Komma.

> - *Er wiederholt stets: „Das habe ich nie gesagt!"*
>   *Der Roman schließt mit dem Satz:*
>   *„Und er nahm sie zärtlich in die Arme."*
>   *Der Kommissar fragte: „Haben Sie ein Alibi?"*
> - *Er berichtet, diese Neuigkeit habe ihm „große Genugtuung bereitet".*
>   *Kennst du den „Faust"?*
>   *Mein Lieblingsdrama: „Wallenstein"!*
> - *„Warum", fragte sie, „hast du mir davon nichts erzählt?"*
> - *„Ich kann diesen Menschen nicht ausstehen!", rief er laut.*

> *„In welchem Jahr entließ Wilhelm II. Bismarck?", fragte der Lehrer.*

9. Apostroph

Der Apostroph zeigt an, dass man Buchstaben, die eigentlich geschrieben werden, weggelassen hat.

Der Apostroph kennzeichnet ausgelassene Buchstaben. Beginnt der Satz mit einem Apostroph, schreibt man den ersten Buchstaben klein. Kein Apostroph steht bei Imperativen, bei gebräuchlichen Verschmelzungen von Präposition und Artikel und bei häufig gebrauchten verkürzten Wortformen.

> mit Apostroph:
> - *Erzähl nicht so'n Quatsch!*
> - *'s geht schon wieder.*
>
> ohne Apostroph:
> - *lauf! bleib!*
> - *ans, beim, ins, vorm*
> - *mal (einmal), runter (herunter), rüber (herüber)*

Bei bestimmten Substantiven und einigen Verben steht kein Apostroph für das ausgelassene Schluss-e am Wortende.

11 ZEICHENSETZUNG

Verzichten kann man auf den Apostroph auch, wenn die Kurzform des Pronomens „es" mit dem vorangegangenen Wort eine Einheit bildet. Ebenso werden die Kurzformen von „heran", „herauf", „herunter", „herein", „heraus" und „herüber" in der Regel ohne Apostroph geschrieben.

> - *Ich lass ihn laufen. Könnt ich doch nur schlafen!*
>   *Ich werd noch verrückt, wenn das so weitergeht! Behüt dich Gott!*
> - *Ich wars nicht. Wie gehts dir?*
>   *Nimms leicht!*
> - *Raus aus meinem Haus!*
>   *Kommst du bitte schnell rüber?*

Bei umgangssprachlichen und mundartlichen Verschmelzungen, insbesondere bei der Wiedergabe gesprochener Sprache, kann zur Verdeutlichung ein Apostroph gesetzt werden.

> *Er steht auf'm Kopf.*
> *Sie gehn in'n Zoo.*
> *So'n Unsinn!*
> *Komm mit 'nauf!*
> *Jetzt muss i' 'naus!*
> *Hab ich 'nen Hunger!*
> *Was für'n Quatsch!*

ZEICHENSETZUNG 11

Bei Adjektiven auf -sch, die von Personennamen abgeleitet sind, kann der Apostroph gesetzt werden, um die Grundform des Namens zu verdeutlichen. Dann wird der Name großgeschrieben. Der Apostroph steht normalerweise nicht vor dem Genitiv-s von Namen, er kann aber gesetzt werden, um die Grundform des Namens zu verdeutlichen.

> - *die Grimm'schen Märchen,*
> - *die Brecht'schen Gedichte*
>   *Brechts Gedichte,*
>   *Brandts Ostpolitik,*
>   *New Yorks Straßen*
> - *Poe's Erzählungen,*
>   *Barbara's Grillstube*

Der Apostroph wird gesetzt, wenn – zur Abkürzung – innerhalb von Namen größere Buchstabengruppen ausgelassen werden. Er wird ebenfalls gesetzt, um den Genitiv von Namen, die auf „-s", „-ss", „-ß", „-tz", „-z", „-ce" enden, zu markieren.

> - *Ku'damm, D'dorf*
> - *Grass' Romane,*
>   *Marx' Werke,*
>   *Johannes' Hochzeit*
>   *Lutz' Auto*
>   *Klaus' Telefonnummer*

10. Schrägstrich

Der Schrägstrich hat verschiedene Funktionen.

Ein Schrägstrich kennzeichnet mehrere gleichwertige Möglichkeiten und markiert die Namen verschiedener Personen.

- *An Herrn/Frau ...*
- *Die Herausgeber: Bitter/Rensfeld/ Wohlfahrt*

Der Schrägstrich steht auch zwischen aufeinanderfolgenden Jahreszahlen, Monaten und Nummern und gibt Zahlenverhältnisse in der Bedeutung von „pro" an. Auch als Bruchstrich kann er verwendet werden.

- *Das Wintersemester 2007/08; das Doppelheft Mai/Juni; Nr. 70/71*
- *20 km/h; 12 kg/m^3*
- *7 1/2; 1/4 min*

Geschäftsbriefe richtig schreiben und formatieren

Die Gestaltung von Geschäftsbriefen orientiert sich an der DIN-Norm DIN 5008:2005. Sie legt fest, wie die einzelnen Textbausteine auf einem Briefbogen im DIN-A4-Format positioniert sein sollten. Dadurch ist es möglich, offizielle Schreiben übersichtlich zu gestalten, sodass der Leser die darin enthaltenen Informationen schnell erfassen und verarbeiten kann. Auf Seite 200 ist beispielhaft ein nach DIN-Norm formatierter Geschäftsbrief abgebildet. Folgende Hinweise helfen beim Verfassen eigener Briefe:

- Der Betreff sollte nicht als vollständiger Satz, sondern stets in Stichworten formuliert sein. Hier wird das zentrale Anliegen des Briefes zusammengefasst. Das erste Wort der Zeile wird großgeschrieben, sie wird jedoch nicht mit einem Punkt beendet.
- Als Anrede verwendet man heutzutage meist das formelle „Sehr geehrte(r)" oder das vertraulichere „Liebe(r)". Danach steht üblicherweise ein Komma und es wird in der folgenden Zeile klein weitergeschrieben.
- Im Text werden Absätze jeweils durch eine Leerzeile kenntlich gemacht.
- Als Grußformel sind üblich: „Mit freundlichen Grüßen" oder „Freundlicher Gruß". „Hochachtungsvoll" dagegen wirkt eher veraltet.

Silvia Hübsch
Prinzenstraße 456
81679 München

Telefongesellschaft Teletel						29.4.2010
Flensburger Str. 55
80339 München

Kündigung Mobilfunkvertrag (0179-262 578 28)

Sehr geehrte Damen und Herren,

hiermit kündige ich meinen Mobilfunkvertrag mit der Telefonnummer 0179-262 578 28 zum nächstmöglichen Zeitpunkt.

Bitte lassen Sie mir eine Bestätigung der Kündigung unter Angabe des Auslauftermins des Vertrags zukommen.

Mit freundlichen Grüßen

Silvia Hübsch

REGISTER

A

Abkürzungen	157
abstrakte Begriffe	72
Adjektive	79, 111, 123
Adjektivgruppen	180
Adverbien	89
als	174, 177
Anführungszeichen	192
Anlaut	38
Anrede	85
Anredepronomen	94
Apostroph	68, 195 f.
Apposition	186
Artikel	59
Aufzählungen	183
Auslassungspunkte	68, 164
Ausrufezeichen	169 ff.
Aussagesätze	162

B

Befehlssätze	162
Begleitwörter	76
Beinamen	187
Berufsbezeichnungen	141
Bestimmungswörter	64 f.
Bindestrich	118 ff.
Buchstaben	22, 71

REGISTER

C/D

chemische Elemente	158
das/dass	58
Datumsangabe	162
Dehnungs-h	30, 33
Deutsches Sprachgebiet	54
Diphthonge	22
direkte Rede	70
Divisionszeichen	169
Doppelkonsonanten	35
Doppelpunkt	68, 166
Doppelvokal	30

E

e-Laut	24
eckige Klammern	191 f.
ei-Laut	24, 28
Eigennamen	186
Ersatzprobe	60
Etymologie	156
eu-Laut	24, 27

F

f-Laut	39, 41
Farbbezeichnungen	82, 123

REGISTER

Fragezeichen	169 ff.
Fremdwörter	144 ff., 155
Fugen-s	63 ff.

G
Gedankenstrich	71, 189 f.
Genus	151
gesprochene Sprache	154
grammatisches Geschlecht	151
Großbuchstaben	58
Groß- und Kleinschreibung	67 ff.
Grundwort	101
gebeugt	23
Grußformel	162

H
-heit	73
Himmelsrichtungen	131
das Hochdeutsche	22
Homofone	23

I
i-Laut, langer	29
Infinitivgruppen	180 ff.

REGISTER

Infinitive	77
Interjektionen (Ausrufewörter)	89
Internationalismen	152
Intonationszeichen	161
„irgend-"	114

K

k-Laut	40, 43
Kalendertage	140 ff.
Kardinalzahlen	87
-keit	73
Klammern	191 f.
Komma	173 ff.
Konjunktion	59 f., 89, 177
Konsonanten	22, 38

L

Laut-Buchstaben-Zuordnung	22 ff.
Laute	22
Lehnwörter	144

M

mal/Mal	93
Maßeinheiten	158

REGISTER

N
Namen	132 ff.
-nis	73
Nomen (Substantiv)	72 ff.

O
Ordnungszahlen	87
Ortsangaben	187

P
Paragrafen	71
Partizip	79, 111 f., 180
Partizipgruppen	180 ff.
Plural	72
Pluralendung	151
Präposition	74, 89
Pronomen	84, 60
Punkt	161 ff.

R
Rechtschreibprinzipien	61
Relativpronomen	60, 178
Relativsätze	178
runde Klammern	191

REGISTER

S

s-Laut	52 ff.
Satzanfang	68
Satzgefüge	179
Satzreihe	175
Satzzeichen	161 ff.
-schaft	73
Schlagzeile	162
Schlusszeichen	164
Schrägstrich	198
Semikolon (Strichpunkt)	165 f.
Singular	72
Sprachbezeichnungen	83 f.
Stammform	23
stimmhaft	52
stimmlos	52
Strichpunkt (Semikolon)	165 f.
Substantive	72 ff.
substantivierte Wörter	75 f.
Superlativ	80

T

t-Laut	39, 48 ff.
Titel	140, 186
Trennungszeichen	153 f.
-tum	73

REGISTER

U

u-Laut	24
ü-Laut	29
Überschrift	70, 162
Umlaute	22
-ung	73
Unterschrift	162
ungebeugt	23

V

Verben	77 f.
Vergleiche	174
Vokale	22, 24 ff.
Vorsilbe	36

W

Werktitel	70
wider/wieder	35
wie	174
wieder	35
Wortgruppe	100
wörtliche Rede	70, 192 f.
Wortstamm	12
Worttrennung am Zeilenende	153 ff.
Wortzusammensetzungen	154

REGISTER

X/Z

x-Laut	39, 46 f.
Zahladjektive	85
Zahlen	125 ff.
Zeichensetzung	161 ff.
Zeitangaben	187 f.
Ziffern	68, 71, 125 ff., 164
Zitat	161
zu	115 f.
Zusammen- und Getrenntschreibung	100 ff.
Zusammensetzungen	73, 100

Verzeichnis der Spezialseiten

Wenn Rechtschreibung reformiert wird	20 f.
Der Griff in die Trickkiste: Wichtige Rechtschreibstrategien im Überblick	96 ff.
Die Geschichte der deutschen Rechtschreibung in Kürze	116 f.
Das Wort des Jahres	128 f.
Das Unwort des Jahres	130 f.
Rechtschreibschwäche	142 f.
Geschäftsbriefe richtig schreiben und formatieren	199 f.